JN045537

税理士が伝えたい！

遺産分割と相続の基礎知識

税理士 **原田大左** 著

清文社

はじめに

　私は、相続税をメインにしている税理士のため、相続で多くの揉め事を
見てきました。

　一番印象的だったのは、被相続人の配偶者が住んでいる自宅が相続財産
のほとんどを占めており、もう一人の相続人である長女と遺産分割で揉め
ていたという案件の相続税申告です。弁護士の先生からの紹介案件でし
た。配偶者が住んでいる自宅が相続財産の9割を占めていたため、2分の
1の法定相続分を長女に分けるためには、自宅を売却しなければならない
状況でした。最終的に被相続人の配偶者は自宅を売却して長女に現金を渡
すことになりました。

　私はまだ若かったため、弁護士の先生に「被相続人の配偶者があまりに
も可哀想じゃないですか。」と伝えたところ、「『法の不知はこれを許さず』
という言葉を知っているかい。」と言われたことがありました。我が国は
法治国家であるため、国民は法律を知っていることが前提となっており、
『法の不知はこれを許さず』という法原則が存在しているのです。

　被相続人も、長女には法定相続分により2分の1の相続財産を受け取る
権利があることを知っていれば、生前に遺言書を作成し、遺留分は現金で
支払うようにするなどの対策を講じて、配偶者がずっと自宅に住める状況
を作ってあげることもできたかもしれません。今日であれば、配偶者居住
権を利用し、配偶者が住んでいる自宅を売却せずにすむ方法もあります。

　別案件で印象に残っているのは、父親の遺産分割で長男と二男が揉めて
しまい、2次相続の母親の葬儀に二男が参列しなかったという一件です。
これまで仲の良かった兄弟が、父親の残した財産で揉めてしまうなど父親
も望んでいなかったでしょう。

　本書では、遺産分割や遺言などの基礎知識について、税制面を絡めて解

説しました。今後相続が想定されるため基本的な知識を深めたい方や、これから相続税の仕事をしたいと考えている若手の税理士などに本書を読んでいただき、何かお役に立てれば嬉しく思います。

　世界にたった数人の家族です。相続人同士争うことなく、円満に相続手続きを行うことに、本書が少しでもお役に立てれば幸甚でございます。

　最後に、本書の作成にあたりご尽力いただいた、担当者をはじめとする清文社の皆様に心より感謝申し上げます。

　令和6年2月

税理士　原田　大左

CONTENTS

第2章　**遺産分割と土地の評価**

第3章　小規模宅地等の特例

（注）本書の内容は、令和6年2月1日現在の法令等によります。

第**1**章

遺産分割協議

第1節 遺産分割協議

遺産分割とは

Q1-1 遺産分割とは何ですか。

 A 遺産分割とは、相続が発生した際、被相続人の遺産を相続人全員で相続分に応じて適正に分配する手続きのことです。

　人が亡くなった時点において相続人が2人以上存在する場合、遺産分割が終了するまで、相続財産は相続人全員の共有の状態となっています。遺産分割終了までの間、相続財産を共有している相続人のことを「共同相続人」といいます。

　この状態を解消し、被相続人の遺産を相続人全員で適正に分配するために、遺産分割を行う必要があります。

　遺産分割には次の方法があります。

❶ 指定分割

　指定分割とは、生前被相続人が残した遺言書がある場合に、その遺言書の内容に従って遺産を分ける方法のことです。

　相続が発生した場合に遺言書が無いと、被相続人の希望通りに遺産を分割することができません。遺言書が作成されていれば、それに従い指定分割をすることで、被相続人の希望通りに遺産を分割することができます。

❷ 協議分割

　協議分割とは、被相続人が遺言書を作成していなかった場合に、相続人

全員で協議をして遺産を分ける方法です。

　これは遺産分割の方法の中でも最も多く利用されている方法です。

　協議分割では相続人全員の同意が必要です。相続人全員で協議して遺産の分け方が決まったら、遺産分割協議書（次ページ参照）にまとめます。遺産分割協議書では相続人全員が同意していることを証明するため、相続人全員の署名と、実印での押印が必要となります。

❸ 調停分割、審判分割

　遺言書が無く、かつ遺産の分け方について相続人全員の同意が得られなかった場合には、調停、審判による分割となります。

(1)　調停分割とは

　遺産分割協議で遺産分割が決まらない場合に、家庭裁判所に調停を申し立て、その調停手続きに基づいて分割することをいいます。

　調停分割では、調停委員や裁判官が相続人の間に入って、遺産の分け方について意見を述べます。その意見を参考にして合意し調停を成立させることになります。

(2)　審判分割とは

　調停分割でも遺産分割が成立しない場合に、審判により遺産分割を行うことをいいます。

　家庭裁判所での遺産分割調停でも相続人全員の合意ができない場合には調停が不成立となり、遺産分割審判に移行します。

　審判分割では、裁判官が遺産をどのように分けるか強制的に決定します。

遺産分割協議書

被相続人　　　○○　○○
生年月日　　　昭和○年○月○日
本　　籍　　　○○県○○市○丁目○番地

　令和○年○月○日死亡により開始した被相続人○○　○○の相続について、共同相続人○○及び○○は、遺産分割協議の結果、被相続人の遺産を次のとおり分割した。

1. 次の不動産は○○が相続する。

　　所　　在　　　○○市○町○丁目
　　地　　番　　　○番○
　　地　　目　　宅　　地
　　地　　積　　　○○・○○㎡

　　所　　在　　　○○市○町○丁目○番地○
　　家屋番号　　　○番○
　　種　　類　　居　　宅
　　構　　造　　木造スレート葺２階建
　　床面積　　　１階　○○・○○㎡
　　　　　　　　２階　○○・○○㎡

2. 次の預貯金は○○が相続する。

　　○○銀行　○○支店　普通預金　口座番号○○○○○

　　○○銀行　○○支店　定期預金　口座番号○○○○○

3. 相続人全員は、本協議書に記載する以外の遺産を、○○が取得することに同意した。

　上記のとおりの協議が成立したので、この協議の成立を証明するため本協議書を作成する。

令和○○年○○月○○日

○○県○○市○丁目○番○号
○○　○○　　（実印）

○○県○○市○丁目○番○号
○○　○○　　（実印）

Q1-2 相続税の計算方法

相続税はどのように計算するのか教えてください。

A 　相続税は、亡くなった人が持っていた財産から借入金や葬儀費用などを差し引き、生前に贈与されたものを加算したもの（正味の遺産額）に課税されます。
　ただし、正味の遺産額が基礎控除額以下の場合には相続税はかかりません。

❶ 相続税の課税対象となる「課税遺産総額」とは

①相続・遺贈財産	⑤非課税財産	
②みなし相続・遺贈財産	⑥債務・葬儀費用	
③相続時精算課税制度の適用を受けて贈与された財産	⑦正味の遺産額	⑧基礎控除額
④相続開始前7年以内※1に贈与された財産		⑨課税遺産総額

① 相続・遺贈財産

　…　現預金、土地・建物、有価証券など

② みなし相続・遺贈財産

　…　死亡保険金、死亡退職金など

③ 相続時精算課税制度の適用を受けて贈与された財産

④ 相続開始前7年以内※1に贈与された財産

⑤ 非課税財産

　…　仏壇・祭具、国や地方公共団体などに寄付した財産など

⑥ 債務・葬儀費用

　…　借入金、相続開始後に支払われた被相続人の医療費、葬儀費用など

⑦ 正味の遺産額

　…　①＋②＋③＋④－⑤－⑥＝⑦

⑧ 基礎控除額

　…　3,000万円＋600万円×法定相続人[※2]の数

⑨ 課税遺産総額

　…　⑦－⑧＝⑨

※1　令和5年度税制改正により、令和6年1月1日以後の贈与については、「3年以内」から「7年以内」に延長されました。

※2　「法定相続人」とは、一般的に、民法で定められた相続人のことをいいます（Q1-17参照）。また、「相続人」とは、法定相続人のうち相続放棄をしていない人のことをいいます。

❷ 相続税の計算方法

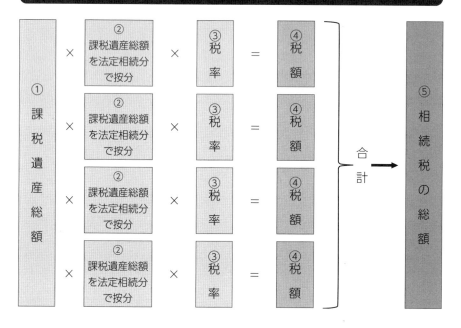

① 課税遺産総額

　…　上記⑨で計算した課税遺産総額

② 課税遺産総額を法定相続分（詳しくは **Q1-17** 参照）で按分します。

③ 税率

　…　②で計算した取得金額に、以下の税率を掛けます。

【平成 27 年 1 月 1 日以後の場合】相続税の速算表

課税遺産総額を法定相続分で按分した取得金額	税率	控除額
1,000 万円以下	10%	―
3,000 万円以下	15%	50 万円
5,000 万円以下	20%	200 万円
1 億円以下	30%	700 万円
2 億円以下	40%	1,700 万円
3 億円以下	45%	2,700 万円
6 億円以下	50%	4,200 万円
6 億円超	55%	7,200 万円

④ 税額

　…　②×③＝④

⑤ 相続税の総額

　…　④で計算した税額の合計額が相続税の総額となります。

❸ 各人の相続税額の計算方法

		② 各人が実際に取得した遺産の取得割合		③ 各人の算出税額
① 相続税の総額	×	② 各人が実際に取得した遺産の取得割合	=	③ 各人の算出税額
	×	② 各人が実際に取得した遺産の取得割合	=	③ 各人の算出税額
	×	② 各人が実際に取得した遺産の取得割合	=	③ 各人の算出税額

③ 各人の算出税額	−	④ 税額控除	=	⑤ 各人の納付税額
③ 各人の算出税額	−	④ 税額控除	=	⑤ 各人の納付税額
③ 各人の算出税額	−	④ 税額控除	=	⑤ 各人の納付税額
③ 各人の算出税額	−	④ 税額控除	=	⑤ 各人の納付税額

① 相続税の総額

　　… 　上記⑤で計算した相続税の総額

② 各人が実際に取得した遺産の取得割合

　　… 　遺言や遺産分割協議などにより決まった、実際に取得する遺産の取
　　　　得割合となります。

③ 各人の算出税額

　　… 　①×②＝③

④ 税額控除

　　… 　配偶者の税額軽減（Q1-4参照）・未成年者控除（Q1-5参照）・障害
　　　　者控除などが税額控除となります。

⑤ 各人の納付税額

　　… 　③－④＝⑤

　　　　各人が納付する相続税額となります。

相続時精算課税制度とは

相続時精算課税制度とはどのような制度ですか。

　相続時精算課税制度は、生前贈与の方法の一つとなります。

　生前の贈与に対する課税制度は、暦年課税制度と相続時精算課税制度の二つがあります。

　原則の方法が暦年課税制度です。暦年課税制度とは、その年の1月1日から12月31日までの1年間に、受贈者一人当たり110万円の基礎控除額を超えた部分について贈与税を納めるという制度です。つまり年間で110万円の基礎控除額内の贈与であれば贈与税が課税されないことになります。

　ここで大切なことは「受贈者」ということです。贈与税は贈与を受けた受贈者が納めることになります。そのため、例えば贈与者が複数の受贈者に対して年間にいくら贈与をしたとしても、贈与税額はその贈与額で決まるのではなく、あくまで受贈者1人当たりの受贈額によって決まることになります。

　それに対し、相続時精算課税制度は、特例的な制度です。相続時精算課税制度を適用して贈与を受けた翌年の2月1日から3月15日（贈与税申告書の提出期間）に「相続時精算課税選択届出書」及び一定の書類を納税地の税務署に提出することで適用することができます。

　相続時精算課税制度では、2,500万円の特別控除額※があるため、累計2,500万円までの生前贈与について贈与税は課税されないことになります。

※　令和5年度税制改正により、令和6年1月1日より、2,500万円の特別控除とは別に、年110万円までの基礎控除が創設されました。令和5年度税制改正について、詳しくは13ページ参照。

ただし、一度相続時精算課税制度を選択適用した場合には、暦年課税制度に変更することはできません。

　相続時精算課税制度とは、名前の通り相続時に精算して課税する制度です。そのため、2,500万円まで贈与税は課税されませんが、相続時精算課税制度を適用して贈与した贈与財産は相続財産となり、相続税が課税されます。

　なお相続時精算課税制度は原則として、60歳以上の父母又は祖父母などから、18歳以上の子又は孫などに対して財産を贈与した場合に選択できます。

❶ 相続時精算課税制度を適用して贈与した場合のメリット

- 一度に多額の贈与ができます。

　暦年課税制度では、年間110万円を超える贈与について贈与税が課税されますが、相続時精算課税制度では2,500万円までの贈与について贈与税は課税されません。

- 収益物件を贈与することで相続税の上昇を抑えられる場合があります。

　収益物件となる貸家を贈与することで、贈与後の家賃は受贈者のものとなります。そのため家賃収入を得ることで増える収益が受贈者に移り、相続税の上昇を抑える効果があります。

- 将来値上がりが見込まれる財産を贈与することで相続税の上昇を抑えられます。

　相続時精算課税制度では、相続時精算課税制度適用時（贈与時）の評価額が相続財産に加算されることになります。

　そのため、将来値上がりするであろう財産（土地など）を相続時精算課税制度を適用して生前に贈与することで、実際の相続の際には贈与時の評価額が相続税評価額となるため、相続税の上昇を抑えられます。

❷ 相続時精算課税制度を適用して贈与した場合のデメリット

- 相続時精算課税制度を選択適用したら暦年課税に変更できません。

　相続時精算課税制度では2,500万円を超えた場合には、一律で20％の

贈与税がかかります。相続時精算課税制度を適用して納めた贈与税相当額は相続税申告の際に相続税額から控除されます。

● 小規模宅地等の特例が適用できません。

　相続時精算課税制度を利用して贈与した財産が土地の場合には、贈与された土地は相続税の対象となりますが、小規模宅地等の特例の適用を受けることはできません。これは、小規模宅地等の特例は、相続や遺贈によって取得した財産が対象となるため、生前贈与である相続時精算課税制度を適用した財産については適用できないためです。

● 将来値下がりが見込まれる財産を相続時精算課税制度を適用して贈与することで、生前贈与しないで相続開始時に相続した場合と比べて相続税が上昇します。

　上述のメリットと逆となります。相続時精算課税制度では、相続時精算課税制度適用時（贈与時）の評価額が相続財産に加算されることになるため、将来値下がりするであろう財産（建物など）を相続時精算課税制度を適用して生前に贈与すると、実際の相続の際には贈与時の評価額が相続税評価額となるため、相続税が上昇します。

相続時精算課税制度のメリット	相続時精算課税制度のデメリット
・一度に多額の贈与ができる ・収益物件の贈与なら相続税対策につながる ・将来値上がりが見込まれる財産を贈与することで節税につながる	・相続時精算課税制度の届出を出したら暦年課税には戻れない ・小規模宅地等の特例が受けられない ・将来値下がりが見込まれる財産を贈与すると相続税が高くなる

❸ 暦年課税制度及び相続時精算課税制度の見直し

　令和5年度税制改正により、暦年課税制度及び相続時精算課税制度が見直されました。暦年課税制度及び相続時精算課税制度の改正は、令和6年1月1日以降の贈与により取得する財産に係る相続税又は贈与税について適用されます。

(1) 暦年課税制度の見直し

改正前の制度では、相続又は遺贈により財産を取得した者が、その相続開始前3年以内に被相続人から暦年課税により取得した財産については、相続財産に加算しなければなりませんでした。ただし、暦年課税により取得した財産につき課せられた贈与税額は、相続税額から控除されます。

令和5年度税制改正により、相続財産に加算しなければならない期間が、相続開始前3年以内から相続開始前7年以内に延長されることになりました（ただし延長された4年間の贈与のうち、総額100万円までは相続財産に加算されません）。

令和6年1月1日以後の贈与により相続財産に加算される贈与の時期と加算対象期間は以下の通りです。

贈与の時期		加算対象期間
～令和5年12月31日		相続開始前3年間
令和6年1月1日～	贈与者の相続開始日	
	令和6年1月1日～令和8年12月31日	相続開始前3年間
	令和9年1月1日～令和12年12月31日	令和6年1月1日～相続開始日
	令和13年1月1日～	相続開始前7年間

（注）国税庁「令和5年度相続税及び贈与税の税制改正のあらまし」をもとに作成

(2) 相続時精算課税制度の見直し

令和5年度税制改正により、相続時精算課税制度についても「基礎控除」が創設されました。基礎控除は暦年課税制度と同じ「年間110万円」となり、基礎控除内での相続時精算課税制度による贈与は、相続財産に加算されないことになりました。

この年間110万円の基礎控除は相続時精算課税制度の特別控除2,500万円の対象外となるため、相続開始前7年以内であっても、基礎控除内での相続時精算課税贈与は相続財産に加算されません。

(3) 暦年課税制度と相続時精算課税制度の比較

令和 5 年度税制改正後の暦年課税制度及び相続時精算課税制度のメリット

暦年課税制度のメリット	相続時精算課税制度のメリット
●贈与金額に関係なく相続開始前 7 年超の贈与については相続財産に加算されない ●相続又は贈与により財産を取得した者以外への贈与については相続財産に加算されない	●相続開始前 7 年以内の贈与だとしても基礎控除（年間 110 万円）以内であれば相続財産に加算されない

令和 6 年 1 月 1 日以降の贈与については、どのように贈与をするかにより相続税の有利不利判定を行わなければなりません。

相続又は遺贈により財産を取得する予定の者に対して 110 万円以下の贈与を毎年行う場合には、相続時精算課税選択届出書を提出し、相続時精算課税制度を適用するのが最適な方法となります。

相続又は遺贈により財産を取得する予定の者に対して 110 万円を超えて贈与する場合には、以下の方法が考えられます。

① 7 年を超えて当面相続開始が想定されない場合

　　…暦年課税制度により贈与

② 7 年以内に相続開始が想定される場合

　　…相続時精算課税選択届出書を提出し、相続時精算課税制度により基礎控除（110 万円）を活用し贈与

相続又は遺贈により財産を取得しない者（被相続人の孫など）に対しての贈与は、今まで通り相続財産に加算されないため、暦年課税制度により贈与するのが望ましいと考えられます（1 年に贈与金額が大きくなる場合には相続時精算課税制度による 2,500 万円の特別控除の検討も必要）。

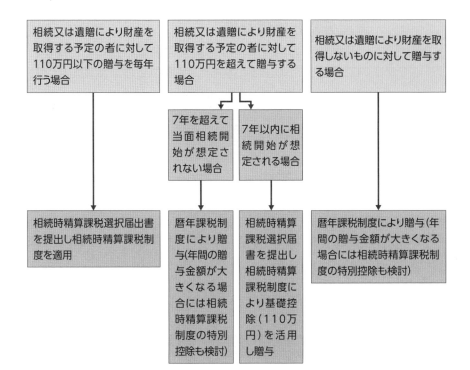

相続又は遺贈により財産を取得する予定の者に対して110万円以下の贈与を毎年行う場合	相続又は遺贈により財産を取得する予定の者に対して110万円を超えて贈与する場合		相続又は遺贈により財産を取得しないものに対して贈与する場合
	7年を超えて当面相続開始が想定されない場合	7年以内に相続開始が想定される場合	
相続時精算課税選択届出書を提出し相続時精算課税制度を適用	暦年課税制度により贈与(年間の贈与金額が大きくなる場合には相続時精算課税制度の特別控除も検討)	相続時精算課税選択届出書を提出し相続時精算課税制度により基礎控除(110万円)を活用し贈与	暦年課税制度により贈与(年間の贈与金額が大きくなる場合には相続時精算課税制度の特別控除も検討)

遺産分割と課税関係

Q1-4　遺産分割の内容により相続税の金額が変わると聞いたのですが、どのように相続税が変わるのか教えてください。

A　居住用の不動産をどなたが相続するか、又は配偶者が被相続人の遺産をどの程度取得するかなどによって相続税額が変わります。

　遺産分割が相続税の金額に影響を与えるケースはさまざま存在しますが、特に「居住用の不動産を誰が相続するか」と「配偶者が遺産をどの程度取得するか」には留意する必要があります。

❶ 小規模宅地等の特例

　相続税の特例のひとつに、「小規模宅地等の特例」があります。小規模宅地等の特例とは、相続や遺贈によって取得した財産のうち、その相続開始の直前において被相続人又は被相続人と生計を一にしていた被相続人の親族の事業の用又は居住の用に供されていた宅地等のうち一定の要件を満たしたもので、一定の面積までの部分については、相続税の課税価格を減額することができるという制度です。

　例えば、被相続人が居住の用に供していた宅地であれば、330㎡の部分までは相続税の課税価格に算入される金額が80%減額されます。大きな節税効果が期待できる重要な特例です。

　そのため、小規模宅地等の特例の評価減が最も多く適用できる相続人は誰であるのかを検討する必要があります（制度の詳細については **Q3-1** 参照）。

　小規模宅地等の特例は「相続や遺贈によって取得した財産」について適用できます。つまり生前に贈与する相続時精算課税制度（詳しくは **Q1-3** 参照）により取得した土地については適用することはできません。

❷ 土地の評価

　土地については、一人で一画地の宅地を相続するのか、取得者ごとに別々に宅地を相続するのかにより評価単位が異なるため、評価額が異なります（詳しくは **Q2-2** 参照）。利用単位によっても評価単位が異なるため、検討する必要があります。

❸ 配偶者の税額軽減

　配偶者の税額軽減は、「被相続人の配偶者が遺産分割や遺贈により実際に取得した遺産については、1億6,000万円と配偶者の法定相続分相当額とを比較していずれか多い金額まで、配偶者に相続税はかからない」という制度です。

　大きく税額を軽減できる特例ですが、だからこそ、配偶者が何を相続するのかは慎重に検討しなければなりません。被相続人の配偶者は子供に比べ、相続までの期間が短いことが想定されます。つまり2次相続（**Q1-12** 参照）を検討し遺産分割を考えなければなりません。配偶者の税額軽減があるからといって安易に配偶者に多額の財産を相続させると、配偶者が亡くなった際の2次相続で子の相続税が高くなり、相続税の総額がかえって高くなってしまった、ということもありえます。

　一般的には、消費しやすいもの及び贈与しやすいもの、将来価値の値下がりが予想されるものを配偶者が相続すると良いと言われています。例えば消費しやすいもの及び贈与しやすいものとしては現金などが、将来価値の値下がりが予想されるものとしては建物などが考えられます。

　将来価値が値上がりするもの、相続税評価額と時価とを比べ時価が高い

ものについては、配偶者以外の相続人が相続すると良いと言われています。

配偶者の税額軽減は、配偶者が遺産分割などで実際に取得した財産を基に計算されることになっています。つまり、申告期限までに遺産が未分割の場合には、配偶者の税額軽減の特例の適用を受けられません。

ただし、相続税の申告書又は更正の請求書に「申告期限後3年以内の分割見込書」を添付し、申告期限まで未分割だった財産について申告期限から3年以内に分割が調った場合には、配偶者の税額軽減が適用できます。

原則として、相続税の申告期限から3年以内に分割が調った場合には、更正の請求などの手続きによって配偶者の納付すべき相続税額が減額されることになります。

用語カイセツ　更正の請求

納めた税金が多すぎた場合等に、税務署に対して還付を請求する手続きのこと。計算の誤り等により請求する場合の期限は5年間ですが、5年経過後であっても、一定の後発的事由（裁判の判決の確定など）に該当する場合は請求が認められることがあります。この場合、確定した日の翌日から2か月以内に限り更正の請求が可能です。

相続税の場合も、5年経過後であっても、一定の後発的事由に該当する場合には、上記の更正の請求をすることができます。さらに、未分割財産の分割の確定等は、相続による相続人へ財産等の承継という民法上の法的問題もあり、相続特有の後発的事由として、相続税法32条において、事由が生じたことを知った日の翌日から4か月以内に限り更正の請求をすることができると定められています。

相続人に未成年者がいる遺産分割

Q1-5　相続人に未成年者がいる場合には、どのように遺産分割を行えばよいですか。

A　相続人に未成年者がいる場合は、通常の遺産分割手続きとは異なる手続きが加わります。

❶ 未成年者がいる場合の遺産分割

　未成年者は親権者などの法定代理人の同意を得なければ、法律行為をすることができません。しかし、未成年者の子とその親が共同相続人であり、遺産分割の協議に両者が参加するといった場合には、親が自分の利となるよう遺産分割を進めてしまう恐れがあります（このような、一方には利益となりもう一方には不利益となる行為を「利益相反行為」といいます）。

　このような場合、親権者とは別に、特別代理人の選任が必要となります。

　なお、親権者が共同相続人として遺産分割に参加しない場合には利益相反行為規定の適用がないことになりますので、親権者は代理人になることができます。

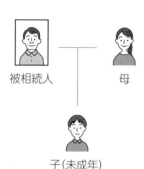

被相続人　　　母

子（未成年）

母と子が相続人
母も共同相続人のため、子の
代理人になれません。特別代
理人の選任が必要となります。

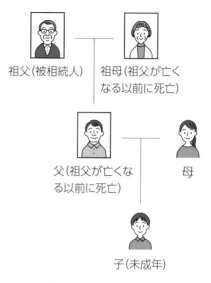

祖父（被相続人）　祖母（祖父が亡く
　　　　　　　　　なる以前に死亡）

父（祖父が亡くな　　　　母
る以前に死亡）

子（未成年）

子が相続人（父の代襲相続人）
母は共同相続人ではないため、
子の代理人になれます。

❷ 特別代理人の選任

特別代理人の選任には家庭裁判所の許可が必要となります。

特別代理人の選任手続きに必要なものは以下の通りです。

① 特別代理人の申立てに必要な費用

　1. 子一人につき収入印紙 800 円分

　2. 連絡用の郵便切手

② 申立てに必要な書類

　1. 申立書（次ページ参照）

　2. 未成年者の戸籍謄本（全部事項証明書）

　3. 親権者（又は未成年後見人）の戸籍謄本（全部事項証明書）

　4. 特別代理人候補者の住民票又は戸籍附表

受付印	**特 別 代 理 人 選 任 申 立 書**
	（この欄に収入印紙 800 円分を貼ってください。）
収 入 印 紙　　　円	
予納郵便切手　　　円	（貼った印紙に押印しないでください。）

準口頭		関連事件番号　平成・令和　　年（家　　）第	号

家 庭 裁 判 所　御中	申 立 人 の		印
令和　　年　　月　　日	記 名 押 印		

添付書類	（同じ書類は1通で足ります。審理のために必要な場合は，追加書類の提出をお願いすることがあります。） □ 未成年者の戸籍謄本（全部事項証明書）　　□ 親権者又は未成年後見人の戸籍謄本（全部事項証明書） □ 特別代理人候補者の住民票又は戸籍附票　　□ 利益相反に関する資料（遺産分割協議書案，契約書案等） □ （利害関係人からの申立ての場合）利害関係を証する資料 □

申 立 人	住　　所	〒　　－　　　　　　　　　　　電話　　　（　　　） （　　　　　　方）
	フリガナ 氏　　名	昭和 平成　年　月　日生 令和 （　　　　歳）　職　業
	フリガナ 氏　　名	昭和 平成　年　月　日生 令和 （　　　　歳）　職　業
	未成年者 との関係	※ 1 父母　　2 父　　3 母　　4 後見人　　5 利害関係人
未 成 年 者	本　　籍 （国 籍）	都道 府県
	住　　所	〒　　－　　　　　　　　　　　電話　　　（　　　） （　　　　　　方）
	フリガナ 氏　　名	平成　　年　　月　　日生 令和 （　　　　歳）
	職　　業 又は名 在 校 名	

（注）　太枠の中だけ記入してください。　　※の部分は，当てはまる番号を○で囲んでください。

特代 (1/2)

(942060)

（出典）裁判所ホームページ

5. 利益相反に関する資料（遺産分割協議書案等）
6. 利害関係人からの申立ての場合は、利害関係を証する資料

用語カイセツ **成年年齢の引き下げ** ─────────

　平成30年6月13日に成立した民法改正により、令和4年4月1日以降は、成年年齢が20歳から18歳に引き下げられ、17歳までが未成年となりました。

❸ 未成年者がいる場合の相続税申告

　相続税申告では、相続人に未成年者がいる場合、未成年者控除を受けることができます。民法改正により令和4年4月から成年年齢が20歳から18歳に引き下げられることに伴い、相続税の未成年者控除も20歳未満から18歳未満に年齢要件が見直されました。

　未成年者控除の額は以下の算式で計算されます。

未成年者控除の額
＝（18歳－相続した時の年齢（1年未満の端数は切捨て））×10万円

　未成年者控除額が未成年者の相続税額よりも多いため控除しきれない場合には、その未成年者の扶養義務者の相続税額から控除することができます。

【計算例】

① 未成年者控除額が相続税額より少ない場合
　未成年者の年齢：15歳と4か月
　未成年者の相続税額：100万円
　扶養義務者の相続税額：100万円

→未成年者控除額　満18歳－15歳※＝3年

10万円×3年＝30万円

※1年未満の端数は切捨て

未成年者の相続税額　100万円－30万円＝70万円

扶養義務者の相続税額　100万円

② 未成年者控除額が相続税額より多い場合

未成年者の年齢：2歳と8か月

未成年者の相続税額：100万円

扶養義務者の相続税額：100万円

→未成年者控除額　満18歳－2歳※＝16年

10万円×16年＝160万円

※1年未満の端数は切捨て

未成年者の相続税額　100万円－100万円＝0円

控除しきれない未成年者控除額　160万円－100万円＝60万円

扶養義務者の相続税額

100万円－60万円（控除しきれない未成年控除額）＝40万円

　また、その未成年者が今回の相続以前の相続においても未成年者控除を受けているときは、控除額に制限が設けられます。

　下記①と②の金額のうち少ない金額が、今回の未成年者控除額となります。

① 今回の未成年者控除額の金額

② 10万円×（18歳－最初の未成年者控除適用時の年齢）

　－今までに適用した未成年者控除額の合計

相続人に胎児がいる遺産分割

Q1-6 　被相続人の相続人は配偶者（妻）です。その他に、現在配偶者は妊娠しています。被相続人が残した財産の遺産分割協議を考えていますが、どのようにすればよろしいでしょうか。

A 　民法上、胎児は既に生まれたものとみなすため、胎児が死亡して生まれてこない限り相続の権利を認めています。

　民法886条では「胎児は、相続については、既に生まれたものとみなす。」と規定されており、886条2項においては「前項の規定は、胎児が死体で生まれたときは、適用しない。」と規定されています。

　そのため、胎児が生まれてからでないと相続人の確定はできません。

　相続人が確定できないということは、遺産分割も相続人が確定するまで行うことができないということになります。

　質問の場合、胎児が無事出生していれば、相続人は妻、胎児の2人となります。ただし、妻と胎児は利益相反（**Q1-5** 参照）となりますので、胎児には特別代理人の選任が必要となります。

❶ 胎児が亡くなってしまった場合

　胎児が万が一亡くなってしまった場合には、生まれてから亡くなったのか、生まれる前に亡くなったのかによって相続人は異なってきます。

● 生まれてから亡くなった場合

　　… 　今回の場合、相続人は妻のみとなります。

● 生まれる前に亡くなった場合

　　… 　胎児は相続権を得ていないことになります。質問の場合、相続人は、被相続人である夫の両親がまだいる場合には妻と夫の両親、夫の両親が亡くなっており夫の兄弟姉妹がいる場合には妻と夫の兄弟姉妹

となります（相続の順位については **Q1-17** 参照）。

胎児が生まれる前に 亡くなってしまった場合	胎児が生まれてから 亡くなってしまった場合
配偶者と、亡くなった胎児以外の子がいる場合にはその子 (第一順位)	亡くなった胎児以外に子がいない場合は配偶者のみ
配偶者と夫の両親 (第二順位)	配偶者と亡くなった胎児以外の子がいる場合にはその子
配偶者と夫の兄弟姉妹 (第三順位)	

❷ 胎児がいる場合の相続税申告

相続税申告では、相続税の申告期限までに胎児が出生しているかどうかで取り扱いが異なってきます。

(1) 相続税の申告期限までに胎児が生まれた場合

相続税の申告期限までに生まれた場合には、相続人の一人として通常通りの相続税の申告を行います。この場合は法定代理人を選任し、相続税の申告をすることとなります。

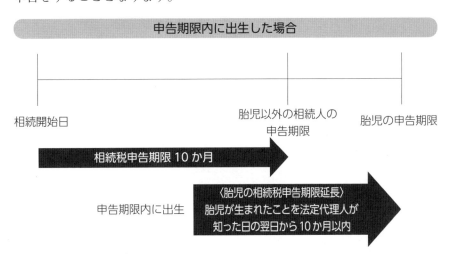

申告期限内に出生した場合

相続開始日　　　　　　　　　　　　胎児以外の相続人の　　胎児の申告期限
　　　　　　　　　　　　　　　　　　申告期限

相続税申告期限 10 か月

申告期限内に出生

〈胎児の相続税申告期限延長〉
胎児が生まれたことを法定代理人が
知った日の翌日から 10 か月以内

胎児の申告期限は、胎児以外の相続人の申告期限とは異なり、法定代理人が胎児が生まれたことを知った日の翌日から10か月以内となります。

(2)　相続税の申告期限までに胎児が生まれていない場合

　胎児は生まれていないため、相続人に含めず相続税を計算し申告します。

　相続税申告期限後に出生した場合には、法定代理人が、その胎児に代わって、胎児が生まれたことを知った日の翌日から10か月以内に申告することとなります。

　胎児が生まれたことにより既に相続税を納付済みである他の相続人の相続税が過大になった場合には、胎児が生まれたことを知った日の翌日から4か月以内に更正の請求（18ページ参照）を行います。

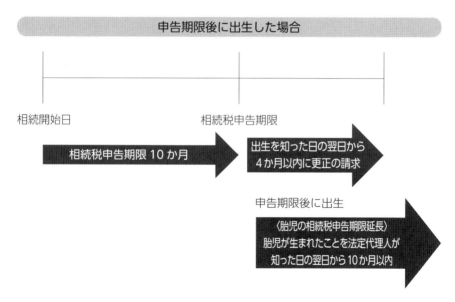

　また、胎児が生まれたものとすれば相続人全員の相続税申告義務がなくなるという場合には、胎児以外の相続人は2か月間の申告期限の延長を申請できます。

相続開始日　　　　　　　　　　　　　　相続税申告期限

相続税申告期限 10 か月

胎児以外の相続人の相続税
申告期限 2 か月延長

出生したら申告不要
となる場合

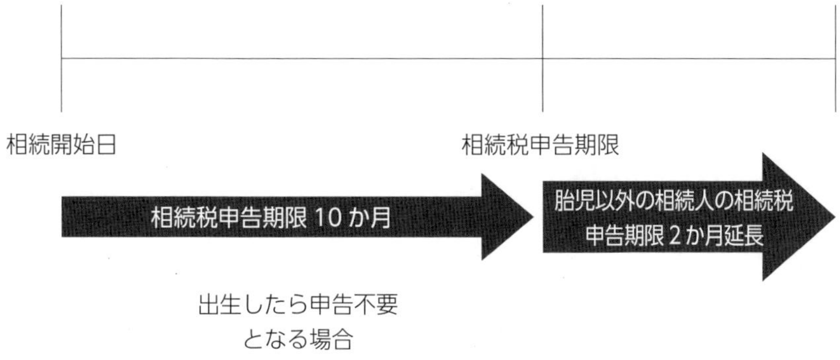

相続人に行方不明者がいる場合の遺産分割

Q1-7 被相続人の相続人は長男と二男です。遺産分割を行いたいのですが、二男は数年前から行方不明です。このような場合にはどうすればよいでしょうか。

A 　生死不明の状態が7年間継続していなければ、「不在者財産管理人」が行方不明者の代理人として、遺産分割協議に加わることとなります。
　生死不明の状態が7年間継続しているのであれば、失踪宣告を受けて二男は死亡したものとみなされ、被相続人が亡くなる前に二男は亡くなっていたことになります。

　遺産分割は相続人全員が揃わないと行うことはできません。

　災害、事故その他の事情により行方不明になったままの相続人がいる場合に遺産分割協議を行うためには、配偶者や相続人である利害関係人、又は検察官が、家庭裁判所に「不在者財産管理人」の選任申立てを行います。不在者財産管理人とは、行方不明者の代わりに財産を管理する人のことをいいます。

　ただし、生死不明の状態が7年間継続しているときなどは、失踪宣告をし、当人が死亡したものとみなして遺産分割を進める場合があります。

❶ 失踪宣告

　民法では従来の住所又は居所を去った者を「不在者」としています。

　この不在者の行方不明状態が長く継続されると、財産が長期間放置され不在者が不利益を受けるだけでなく、不在者の債権者などの利害関係にも不都合が生じる場合があります。そこで、生死不明の状態が7年間継続したとき（普通失踪）は、家庭裁判所は、利害関係人の請求により不在者が死亡したとみなして取り扱うことができます。これを失踪宣告制度といいます。

なお、これとは別に「特別失踪」という失踪宣告もあります。特別失踪は、なんらかの危難が生じ、その危難が去ってから1年間生死が明らかでない場合に、その危難が去った時点で死亡したとみなされます。例えば戦争、船舶の沈没、自然災害などによって失踪した場合に適用されます。

　普通失踪に比べ、死亡した可能性が高い場合に適用されるといえます。

	普通失踪	特別失踪
失踪要件	生死不明の状態が7年間継続した場合	危難が去った後1年間生死が明らかでない場合
死亡したと認められる時期	生死不明の状態になってから7年が経過した時	危難が去った時

❷ 質問の場合

　質問の場合、二男の生死不明の状態が7年間継続していなければ、不在者財産管理人の選任を家庭裁判所に請求し、選任された不在者財産管理人が家庭裁判所に権限外行為許可を得た上で遺産分割協議を行うこととなります。

　二男の生死不明の状態が7年間継続しているのであれば、失踪宣告を家庭裁判所に申し立て、二男が父の相続開始前に死亡していたものとみなされた場合には、相続人は長男1人ということになります。

事例 ❶

　被相続人：A
　相 続 人：Aの長男、二男（生死不明になってから10年経過）
　遺　　産：預貯金1億円
　遺産分割：長男が預貯金の1億円を相続する。

- ●基礎控除

    基礎控除 3,000 万円＋法定相続人の数 1 人×600 万円＝3,600 万円

    生死不明状態が 7 年以上経過しているため、失踪宣告を受けて二男は死亡したものとみなされ、被相続人が亡くなる前に二男は亡くなっていたことになります。そのため、法定相続人の数に二男は含まれません。

- ●課税遺産総額

    遺産 1 億円－基礎控除 3,600 万円＝6,400 万円

- ●法定相続分

    長男 $\dfrac{1}{1}$

    基礎控除の計算と同じで、被相続人が亡くなる前に二男は亡くなっていたことになりますので、法定相続人の数は 1 人として相続税を計算することになります。

- ●相続税

    長男 6,400 万円×30％－700 万円＝1,220 万円

    法定相続分に応ずる取得金額は、法定相続人が一人であるため、6,400 万円となります。6,400 万円は「1 億円以下」に該当するため、税率は 30％で、控除額は 700 万円となります。

事例 ❷

被相続人：Ａ

相 続 人：Ａの長男、二男（生死不明になってから 5 年経過）

遺　　産：預貯金 1 億円

遺産分割：長男が預貯金 5,000 万円、二男が預貯金 5,000 万円を相続する。

- ●基礎控除

    基礎控除 3,000 万円＋法定相続人の数 2 人×600 万円＝4,200 万円

    生死不明状態が 7 年経過していないため、二男も法定相続人となります。

- 課税遺産総額

  遺産 1 億円－基礎控除 4,200 万円＝5,800 万円

- 法定相続分

  長男　$\frac{1}{2}$

  二男　$\frac{1}{2}$

　基礎控除の計算と同じで、生死不明状態が 7 年経過していないため、二男も法定相続人となります。そのため法定相続人の数は 2 人として相続税を計算することになります。

- 相続税

  長男 5,800 万円×$\frac{1}{2}$×15%－50 万円＝385 万円

  二男 5,800 万円×$\frac{1}{2}$×15%－50 万円＝385 万円

　法定相続分に応ずる取得金額は、法定相続人が 2 人であるため 2,900 万円（5,800 万円×$\frac{1}{2}$）となります。2,900 万円は「3,000 万円以下」に該当するため、税率は 15% で、控除額は 50 万円となります。

　なお、この事例においては、不在者財産管理人が、二男の相続税の支払いや相続財産の管理をすることになります。

【平成 27 年 1 月 1 日以後の場合】相続税の速算表

法定相続分に応ずる取得金額	税率	控除額
1,000 万円以下	10%	—
3,000 万円以下	15%	50 万円
5,000 万円以下	20%	200 万円
1 億円以下	30%	700 万円
2 億円以下	40%	1,700 万円
3 億円以下	45%	2,700 万円
6 億円以下	50%	4,200 万円
6 億円超	55%	7,200 万円

Q1-8 認知症の方がいる場合の遺産分割

被相続人の相続人は配偶者と子の2人です。配偶者は認知症を発症しています。被相続人が残した財産の遺産分割協議を考えていますが、どのようにすればよろしいでしょうか。

A 認知症を発症している相続人がいる場合には、意思能力が不十分と判断されるため、認知症の相続人に代わり遺産分割協議に参加する代理人が必要になります。

❶ 成年後見人とは

相続人に認知症の方がおり、自分の意思を伝えたり物事の判断ができなかったりする場合には、意思能力が無いとされますので、遺産分割協議を行うことはできません。

認知症の相続人の方がいる状況で遺産分割協議書を作成し押印させたとしても、法的な効果を発揮することができず、無効となります。

認知症で意思能力が不十分と判断される相続人がいる場合には、代理人として成年後見人を立てる必要があります。

> **用語カイセツ** 成年後見人
>
> 認知症などの理由により意思能力が不十分な方は、不動産や預貯金などの財産を管理することや、介護サービス、施設への入所に関する契約を結んだり、遺産分割の協議を行ったりすることが困難な場合があります。
>
> また、自分に不利益な契約であっても判断が難しく契約を結んでしまうおそれもあります。
>
> このような意思能力の不十分な方々を保護し、サポートする人が成年後見人です。

成年後見人は親族でもなることができますが、誰を選任するかは、裁判

所が決めることになります。申立ての際に指定した成年後見人候補者が選ばれるとは限りません。

　また、成年後見人が相続人の場合は、遺産分割協議においては認知症の相続人と利益相反関係（**Q1-5**参照）にあるため、参加することができません。この場合、遺産分割協議に関しては、認知症の相続人に代わり遺産分割協議をする特別代理人を家庭裁判所に選任してもらう必要があります。

　遺産分割協議が終われば、その後の財産管理や生活のサポートは、家庭裁判所に選任された成年後見人が行うことになります。

❷ 成年後見制度の種類

　成年後見制度は、法定後見制度と任意後見制度の２種類に分かれます。

(1) 法定後見制度

　法定後見制度とは、認知症がすでに進行しており意思能力が不十分である場合において、契約や財産管理に不安があるときに、本人や親族が裁判所に申し立てることで始まる制度です。

(2) 任意後見制度

　任意後見制度は、将来意思能力が低下した際に後見事務を誰に任せるかを事前に契約で決めておく制度です。

　任意後見契約を、本人と本人が選んだ将来後見人になる人が結ぶことによって始まります。

　法定後見制度は実際に意思能力が不十分になった後に裁判所に申し立てることにより始まる制度ですが、任意後見制度は、本人に意思能力があるうちに本人が選んだ後見人と任意後見契約を結ぶことによって始まる制度です。

❸ 法定後見制度の種類

　法定後見制度では、本人の意思能力の程度に応じて後見、保佐、補助から選択することになります。それぞれ成年後見人の同意が必要な行為や代理できる行為の範囲が異なります。

⑴　後見

　3つの種類の中で最も重いものとなり、意思能力がほとんど無い人に適用されるものとなります。

　後見では家庭裁判所に選任された成年後見人が財産管理や生活の支援をします。

　成年後見人は法的権限として本人に代わる法的行為を行う「代理権」と、法的行為を無効にする「取消権」を付与されます。ただし同意権は付与されません。成年後見人は意思能力がほとんど無い人に適用されるため、成年被後見人の意見に同意することが想定されていないためです。

⑵　保佐

　3つの種類の中で中間のものとなり、意思能力が相当程度低下した人に適用されるものとなります。

　保佐では家庭裁判所に選任された保佐人が、財産管理や法的に重要な取引を支援します。

　被保佐人は被後見人より軽症のため日常生活は一人でできても、不動産取引の契約など重要な取引については保佐人が支援することとなります。

　保佐人は法的権限として「同意権」と「取消権」を付与されます。ただし全般的な代理権は付与されません。代理権が必要な場合には家庭裁判所に申し立て、必要な範囲で代理権を持つことが可能です。

⑶　補助

　3つの種類の中で最も軽いものとなり、意思能力がある程度低下した人

に適用されるものとなります。

　補助では家庭裁判所に選任された補助人が法的に重要な取引を支援します。

　被補助人は精神上の障害の程度が軽く、不動産の売買なども一人で行うことが可能な意思能力を有していますが、本人の利益のため補助人が支援することとなります。

　補助人には代理権や同意権などの権限は一切ありません。そのため権限が必要な場合には、家庭裁判所に権限付与の申立てを行う必要があります。

法定後見制度	任意後見制度
実際に意思能力が不十分になった後に裁判所に申し立てることにより始まる	意思能力があるうちに、将来意思能力が十分でなくなった時に備えて契約することで始まる

	①後見	②保佐	③補助
本人の精神状態	意思能力がなく日常生活も困難な状態	日常生活は問題ないが、法的な重要な取引などの意思能力に不安がある	日常生活は問題なく財産管理もほとんど問題が無い
保護する人	成年後見人	保佐人	補助人
保護される人	成年被後見人	被保佐人	被補助人
与えられる権限	財産等に関する法的な決定権を成年被後見人に代わり行使する権限	民法13条1項に定める行為に関する同意権と取消権	法的な権限はなし
代理権の有無	あり	あり（家庭裁判所が認めた行為のみ）	あり（家庭裁判所が認めた行為のみ）
同意権の有無	なし	あり（民法13条1項に定める行為及び家庭裁判所が認めた行為のみ）	あり（家庭裁判所が認めた行為のみ）
取消権の有無	あり	あり（民法13条1項に定める行為及び家庭裁判所が認めた行為のみ）	あり（家庭裁判所が認めた行為のみ）

相続人に認知症の相続人がいる場合には、原則として成年後見制度の利用なしには遺産分割を進めることができなくなります。

ポイント

　遺言書がある場合には、成年後見制度の利用が無くても相続手続きが進められます。
　ただし、不動産を認知症の相続人が相続する場合には、登記申請を行うのに成年後見制度が必要となります。

Q1-9 遺産分割が申告期限までに決まらない場合の
相続税申告及び手続き

被相続人の相続人は長男、二男、三男の３人です。相続人間で遺産分割協議が難航しているのですが、相続税の申告期限までに遺産分割が決まらなかった場合、デメリットはありますか。

A 遺産分割が相続税の申告期限までに決まらない場合には、小規模宅地等の特例や配偶者の税額軽減、物納や農地の納税猶予の特例等を適用することができません。法定相続分で相続税申告書を提出することになります。

❶ 遺産分割が決まらない場合

相続税は、相続開始を知った日の翌日から 10 か月以内に申告及び納税をしなければなりません。

遺言書が無い場合には、相続税の申告及び納税の期限までに遺産分割を決めなければなりません。

遺産分割が相続税の申告期限までに決まらない場合には、法定相続分で仮の相続税申告書を提出し納税をする必要があります。この場合、小規模宅地等の特例（**Q3-1** 参照）や配偶者の税額軽減（**Q1-4** 参照）、物納や農地の納税猶予の特例等を適用できません。

遺産分割が調わず取得者が決まらない遺産を未分割財産といいます。

ただし **Q1-4** で記載したように、相続税の仮申告書提出の際、相続税申告書に「申告期限後３年以内の分割見込書」を添付して提出し、申告期限から３年以内に遺産分割が成立すれば、小規模宅地等の特例及び配偶者の税額軽減は遡って適用することができます。また、相続税の申告期限から３年以内に遺産分割が決まらない場合に、「遺産が未分割であることについてやむを得ない事由がある旨の承認申請書」を、申告期限後３年を経過

する日の翌日から2か月を経過する日までに税務署に提出して、税務署長の承認を受けた場合には、さらに期間を延長することができます。物納及び農地の納税猶予の特例等については、申告期限後に遺産分割が決まったとしても遡って受けることはできません。

❷ 未分割によるその他のデメリット

手続き面では、被相続人が死亡すると口座が凍結されることにより、遺産分割が完了するまで引き出しができない又はローンの引き落としができないなどの不利益が生じます。

ただし、民法改正によって令和元年7月1日より、家庭裁判所の判断を経なくても払い出しが受けられる制度が創設されました。これにより遺産の預貯金について一定金額であれば払戻しを認めることになりました。

一定金額は下記の通りです。

$$\text{相続開始時の預貯金債権の額（口座基準）} \times \frac{1}{3} \times \text{当該払戻しを行う共同相続人の法定相続分}$$

＝単独で払戻しをすることができる額（金融機関ごとに上限150万円）

それ以外にも、遺産分割が決まらず申告期限から3年以上経過してしまうと、被相続人から相続した相続財産を売却した場合に相続財産を譲渡した場合の取得費加算の特例が適用できなくなる不利益が生じます。

❸ 相続税の計算

相続人や包括受遺者（遺贈を受けたもの）の間で、相続財産が未分割となっている場合、相続税の課税価格の計算は、法定相続分によって計算することになります（相続税法55条）。

相続により負担する債務や葬儀費用については、相続財産等から控除す

ることができます（**Q1-2** 参照）。相続により負担する債務や葬儀費用を負担する者が確定していないときは、特別受益（**Q1-10** 参照）を除いた法定相続分により債務控除額を計算します。

債務控除額が相続又は包括遺贈により取得する財産の額を超えており、相続により負担する債務や葬儀費用を負担する者が確定していないときは、超える部分の金額を他の相続人又は包括受遺者の相続税の課税価格の計算上控除することができます。実際に債務や葬儀費用を負担する者が確定しているときは、負担する債務が、相続又は包括遺贈により取得する財産の額を超えており、引き切れない債務があったとしても、他の相続人又は包括受遺者から控除することはできません。

事例 ❶

【取得する相続財産が債務控除額を超え、相続債務等を負担する者が確定していない場合】

相続人：長男、二男

取得する相続財産：8,000 万円（取得者が確定していない）

債務控除額：6,000 万円（負担者が確定していない）

特別受益※：被相続人は長男に生前（8 年前）に現金 4,000 万円を贈与

① **相続財産及び特別受益※の合計額**

8,000 万円＋4,000 万円＝1 億 2,000 万円

② **各相続人の相続分**

長男　1 億 2,000 万円×$\frac{1}{2}$ －4,000 万円＝2,000 万円

二男　1 億 2,000 万円×$\frac{1}{2}$ ＝6,000 万円

③ **各相続人の債務控除額（負担者が確定していない）**

長男　6,000 万円×$\frac{1}{2}$ ＝3,000 万円

二男　6,000 万円 × $\frac{1}{2}$ ＝3,000 万円

④　②－③

　長男　2,000 万円－3,000 万円＝△1,000 万円

　二男　6,000 万円－3,000 万円＝3,000 万円

⑤　相続税の課税価格

　　（④の長男の△1,000 万円は二男の相続税の課税価格から控除できる）

　長男　2,000 万円－2,000 万円＝0

　二男　6,000 万円－3,000 万円－1,000 万円＝2,000 万円

　長男の債務控除額（③）が相続又は包括遺贈により取得する財産の額（②）を超えており、相続により負担する債務や葬儀費用を負担する者が確定していないときは、超える部分の金額（事例では△1,000 万円）を他の相続人（二男）又は包括受遺者の相続税の課税価格の計算上控除することができます（⑤）。

事例 ❷

【相続債務等を負担する者が確定している場合】

相続人：長男、二男

取得する相続財産：長男 2,000 万円　二男 6,000 万円

債務控除額：長男 3,000 万円　二男 3,000 万円

特別受益※：被相続人は長男に生前（8 年前）に現金 4,000 万円を贈与

① 　取得する相続財産

　長男　2,000 万円

　二男　6,000 万円

② 　債務控除額

　長男　3,000 万円

　二男　3,000 万円

③ ①－②

    長男　2,000 万円－3,000 万円＝△1,000 万円

    二男　6,000 万円－3,000 万円＝3,000 万円

④ 相続税の課税価格

    長男　2,000 万円－2,000 万円＝0

    二男　6,000 万円－3,000 万円＝3,000 万円

    （長男の△1,000 万円は控除できない）

　相続により負担する債務や葬儀費用を実際に負担する者が確定しているときは、負担する債務（②）が、相続又は包括遺贈により取得する財産の額（①）を超えており、引き切れない債務があったとしても、他の相続人又は包括受遺者から控除することはできません。

※　特別受益については次の **Q1-10** で詳しく説明しています。

生前に特別受益があった場合

Q1-10　被相続人の相続人は長男、二男、三男の3人です。被相続人の財産は1億5,000万円ですが、長男は生前に父より2,000万円、二男は1,000万円の贈与を受けています。この場合相続税の計算はどうなるのでしょうか。

A　贈与による特別受益は、基本的には相続税の課税対象にはなりません。そのため相続税の計算では特別受益を考慮せずに計算することになります。ただし相続開始前7年以内（13ページ参照）に暦年課税制度によって被相続人から贈与を受けている場合には、相続財産に贈与額を加算して相続税を計算します。

❶ 生前に特別受益があった場合の相続分の計算

　被相続人から生前に贈与（特別受益）を受けた相続人の、相続税の計算については上記**A**の通りです。その相続人の民法上の相続分については、被相続人が相続開始時に有していた財産の価額に贈与財産の価額を加えたものを相続財産とみなし、民法900条の法定相続分の規定等により算定した相続分から、その贈与財産の価額を控除して計算します（民法903条1項）。

　計算方法は以下の通りです。

①　相続財産及び特別受益の合計額

　　1億5,000万円＋2,000万円＋1,000万円＝1億8,000万円

②　各相続人の相続分（相続財産及び特別受益の合計額×各人の法定又は指定相続分－特別受益の額）

　　長男　1億8,000万円×$\frac{1}{3}$－2,000万円＝4,000万円

　　二男　1億8,000万円×$\frac{1}{3}$－1,000万円＝5,000万円

　　三男　1億8,000万円×$\frac{1}{3}$＝6,000万円

特別受益を未分割財産の額に加算するのは、相続人に贈与や遺贈が無かった場合に遺産がいくらだったのかを計算するためです。これを特別受益の持ち戻しといいます。贈与や遺贈を受けながらさらに遺産を法定相続分通りに受け取ると不利益が生じるため、特別受益の持ち戻しにより不利益が生じないようにします。

　ただし、被相続人が遺言で持ち戻し免除や相続分を指定している場合には、指定相続分も考慮します。

　未分割で申告するときは寄与分があったとしても寄与分は除きます。

ポイント

　以前は、特別受益の持ち戻しについて、何年でも遡り時効はありませんでした。

　しかし、令和元年7月1日より施行された民法改正により、遺留分を算定するための財産の価額に含まれる生前贈与については、持ち戻す期間を相続開始前の10年間に限定することになりました。

❷ 特別受益があるかどうかの調査（開示請求）

　相続又は遺贈により財産を取得した人は、被相続人に係る相続税の申告などに必要なときは、他の相続人がその被相続人から取得した相続時精算課税制度等の適用を受けた財産に係る贈与税の申告書に記載された贈与税の課税価格について、開示の請求をすることができます。この開示の請求が行われた場合には、税務署は請求後2か月以内に開示をしなければならないことになっています。

　開示請求の提出先は被相続人の住所地の所轄税務署です。税理士が代理人として請求することも可能です。

遺産分割をやり直した場合の課税関係

Q1-11　相続人である長女が婚姻により海外に移住することとなりました。海外に移住することは想定していなかったため、被相続人の相続の遺産分割をやり直したいと考えています。その場合遺産分割のやり直し及び相続税の申告のやり直しはできますか。

A　遺産分割についてはやり直しのできる場合とやり直しのできない場合があります。民法では相続人全員の合意があれば遺産分割をやり直すことを認めていますが、税法では遺産分割協議で遺産分割が行われると、相続人はその取得した相続財産について新たに所有権を有することになります。そのため遺産分割のやり直しが行われた場合、各相続人間における財産の贈与又は譲渡と捉え、贈与税又は所得税が課税されることとなります。

❶ 遺産分割のやり直しができる場合

　基本的には、一度遺産分割が確定した場合には遺産分割のやり直しはできません。

　しかし、遺産分割が成立した後に、相続人から遺産分割のやり直しの申出をすることにより遺産分割をやり直すことがあります。

⑴　遺産分割協議書が無効である場合

　遺産分割協議が無効とされる場合は、遺産分割協議がなかったものとされ、もう一度遺産分割協議をやり直す必要があります。

　遺産分割が無効になるのは、例えば相続人全員で遺産分割を行っていない場合です。意図的に一部の相続人のみで遺産分割協議を行った場合や、後から被相続人が認知していた相続人の存在が明らかになった場合なども、遺産分割協議は無効となります。

　また、遺産分割協議で、強迫や詐欺行為が行われた場合にも無効となり

ます。これらは、民法で規定されている意思表示の無効又は取り消し事由にあたるため、遺産分割協議のやり直しが考えられます。

⑵ 遺産分割協議書が有効である場合

　一度作成した遺産分割協議書が有効であったとしても、相続人全員の合意があれば遺産分割協議をやり直すことは可能です。平成2年9月27日最高裁第一小法廷判決では、遺産分割協議の合意解除を認めています。

　以上のように遺産分割協議書が無効の場合や、遺産分割をやり直すことについて相続人全員が合意している場合には、遺産分割をやり直すことが可能です。

　それに対し、遺産分割が遺産分割調停、遺産分割審判により成立した場合には、原則として遺産分割のやり直しはできません。

❷ 税法上の取扱い

　遺産分割のやり直しは認められていますが、税法では、それにより新たに財産を取得したものと考えられ、それは相続を原因として取得したものではなく、相続人間での贈与又は譲渡により取得したものと考えます。

　平成11年2月25日東京地裁判決では、遺産分割のやり直しにより財産の移転が分割協議の名の下に認められたとしても、その原因は相続によるものということはできないと示しています。そのため相続税の申告期限後に遺産分割をやり直したとしても、相続税の申告書の修正申告又は更正の請求はできず、贈与税又は譲渡所得税が課税されることになります。

　ただし、その遺産分割が詐欺や強迫によって行われた場合には、遺産分割が無効であるため、改めてやり直した遺産分割協議が有効な遺産分割として取り扱われます。この場合には贈与税又は所得税が課税されるのではなく、相続税の修正申告又は更正の請求となります。

　相続税申告の修正なのか、贈与税又は所得税なのかは、遺産分割のやり

直しが詐欺や脅迫によって行われた場合や明らかに遺産分割に誤りがあった場合などやむを得ない事情によって行われたのかどうかによって判断する必要があると考えます。

　また、不動産について遺産分割をやり直した場合には、財産の贈与又は譲渡と捉えるため、不動産を新たに取得することとなり、不動産の名義変更に伴う不動産取得税や、名義変更登記にかかる登録免許税も発生します。

事例

被相続人：父
相　続　人：長男、二男
遺　　　産：居住用不動産 4,000 万円、預貯金 2,000 万円
遺産分割：居住用不動産は長男、預貯金は二男
遺産分割成立後の状況：

　遺産分割協議が成立し相続税申告書も提出したが、二男が「やはり取り分が少ないことに納得できない」と遺産分割協議のやり直しを求めてきたため、当初の遺産分割協議を長男及び二男で合意解除し、代償金として長男が二男に 1,000 万円を支払う旨の遺産分割協議のやり直しを行い、長男も二男も合意した。

▶　この事例では、遺産分割のやり直しが詐欺や脅迫によって行われた場合や、明らかに遺産分割に誤りがあった場合など、やむを得ない事情によって遺産分割のやり直しが行われたとは考えにくいため、代償金として支払われた 1,000 万円は相続によるものということはできません。そのため相続税の修正申告及び更正の請求をすることはできず、贈与税が課税されるものと考えます。

配偶者の遺産分割と相続税申告

Q1-12　被相続人の遺産分割の協議をしています。配偶者が被相続人の財産を相続すると一定の金額までは相続税がかからないのは知っていますが、配偶者の相続の時の相続税が心配です。どのように遺産分割をすれば配偶者の相続の時に相続税を抑えることができるのでしょうか。

A　遺産分割を考える際は、2次相続を考慮することが2次相続の相続税を抑える重要なポイントとなってきます。今回は、2次相続に焦点を置いてお話ししていきます。

　1次相続で相続税をなるべく抑えることに気を取られてしまうと、2次相続で多額の相続税が課税されてしまうこともあります。そのため1次相続の遺産分割協議の際に、2次相続を見据えた遺産分割が必要となります。

　まず、2次相続で相続税が高くなる理由は主に以下の2点です。

①　相続人が少なくなるため基礎控除が少なくなること

②　2次相続は子供などが相続人となるため、配偶者の税額軽減（**Q1-4**参照）が使えなくなること

　以下の**事例①〜③**を確認してみましょう。被相続人の財産の額（1億6,000万円）と相続人の構成（配偶者と子2人）はどれも変わりませんが、遺産分割により相続税が異なります（配偶者は相続開始前に固有の財産を所有していなかったと仮定して計算します）。

（注）以下の事例は、相次相続控除については考慮していません。

事例 ❶

【1 次相続】

被相続人：A

相 続 人：A の配偶者、長男、二男

遺　　産：預金 1 億 6,000 万円

遺産分割：<u>配偶者　預金 1 億 6,000 万円</u>

● **基礎控除**

基礎控除 3,000 万円＋法定相続人の数 3 人×600 万円＝4,800 万円

預金 1 億 6,000 万円－4,800 万円＝1 億 1,200 万円

● **法定相続分**

配偶者　$\dfrac{1}{2}$

長男　　$\dfrac{1}{4}$

二男　　$\dfrac{1}{4}$

● **相続税**

配偶者　1 億 1,200 万円×$\dfrac{1}{2}$×30％－700 万円＝980 万円

長男　　1 億 1,200 万円×$\dfrac{1}{4}$×15％－50 万円＝370 万円

二男　　1 億 1,200 万円×$\dfrac{1}{4}$×15％－50 万円＝370 万円

相続税　980 万円＋370 万円＋370 万円＝1,720 万円

● **各人の相続税**

配偶者

1,720 万円×$\dfrac{1 億 6,000 万円（配偶者取得分）}{1 億 6,000 万円（遺産総額）}$＝1,720 万円

1,720 万円－1,720 万円（配偶者の税額軽減額）＝0 円

長男及び二男は、A の遺産を相続していませんので相続税はかかりません。

【2次相続】

被相続人：B（Aの配偶者）

相 続 人：Bの長男、二男

遺　　産：預金1億6,000万円（Bが生前にAより相続したもの）

遺産分割：長男　預金8,000万円

　　　　　二男　預金8,000万円

- ● 基礎控除

  基礎控除3,000万円＋法定相続人の数2人×600万円＝4,200万円

- ● 課税遺産総額

  預金1億6,000万円－4,200万円＝1億1,800万円

- ● 法定相続分

  長男　$\frac{1}{2}$

  二男　$\frac{1}{2}$

- ● 相続税

  長男　　1億1,800万円×$\frac{1}{2}$×30%－700万円＝1,070万円

  二男　　1億1,800万円×$\frac{1}{2}$×30%－700万円＝1,070万円

  相続税　1,070万円＋1,070万円＝2,140万円

- ● 各人の相続税

  長男　2,140万円×$\dfrac{8,000万円（長男取得分）}{1億6,000万円（遺産総額）}$＝1,070万円

  二男　2,140万円×$\dfrac{8,000万円（二男取得分）}{1億6,000万円（遺産総額）}$＝1,070万円

【1次相続及び2次相続 合計相続税額】

　0円＋2,140万円＝2,140万円

事例 ❷

【1 次相続】

被相続人：Ａ

相 続 人：Ａの配偶者、長男、二男

遺　　　産：預金 1 億 6,000 万円

遺産分割：<u>長男　預金 8,000 万円</u>

　　　　　<u>二男　預金 8,000 万円</u>

● **基礎控除**

　基礎控除 3,000 万円＋法定相続人の数 3 人×600 万円＝4,800 万円

● **課税遺産総額**

　預金 1 億 6,000 万円－4,800 万円＝1 億 1,200 万円

● **法定相続分**

　配偶者　$\frac{1}{2}$

　長男　　$\frac{1}{4}$

　二男　　$\frac{1}{4}$

● **相続税**

　配偶者　1 億 1,200 万円×$\frac{1}{2}$×30％－700 万円＝980 万円

　長男　　1 億 1,200 万円×$\frac{1}{4}$×15％－50 万円＝370 万円

　二男　　1 億 1,200 万円×$\frac{1}{4}$×15％－50 万円＝370 万円

　相続税　980 万円＋370 万円＋370 万円＝1,720 万円

● **各人の相続税**

　配偶者は、Ａの遺産を相続していませんので相続税はかかりません。

　長男　　1,720 万円×$\dfrac{8,000 \text{ 万円（長男取得分）}}{1 \text{ 億 } 6,000 \text{ 万円（遺産総額）}}$＝860 万円

　二男　　1,720 万円×$\dfrac{8,000 \text{ 万円（二男取得分）}}{1 \text{ 億 } 6,000 \text{ 万円（遺産総額）}}$＝860 万円

【2次相続】

被相続人：B（Aの配偶者）

相 続 人：Bの長男、二男

遺　　　産：なし（BはAの財産を相続しておらず、B自身も相続開始前に
　　　　　　　固有の財産を所有していなかったと仮定）

● 相続税

　Bの遺産はありませんので、相続税は0円となります。

【1次相続及び2次相続　合計相続税額】

　1,720万円＋0円＝1,720万円

事例 ❸

【1次相続】

被相続人：A

相 続 人：Aの配偶者、長男、二男

遺　　　産：預金1億6,000万円

遺産分割：<u>配偶者　預金8,000万円</u>

　　　　　　<u>長男　　預金4,000万円</u>

　　　　　　<u>二男　　預金4,000万円</u>

● 基礎控除

　基礎控除3,000万円＋法定相続人の数3人×600万円＝4,800万円

● 課税遺産総額

　預金1億6,000万円－4,800万円＝1億1,200万円

● 法定相続分

　配偶者　$\frac{1}{2}$

　長男　　$\frac{1}{4}$

　二男　　$\frac{1}{4}$

● 相続税

配偶者　1億1,200万円 × $\frac{1}{2}$ × 30% − 700万円 = 980万円

長男　　1億1,200万円 × $\frac{1}{4}$ × 15% − 50万円 = 370万円

二男　　1億1,200万円 × $\frac{1}{4}$ × 15% − 50万円 = 370万円

相続税　980万円 + 370万円 + 370万円 = 1,720万円

● 各人の相続税

配偶者　1,720万円 × $\frac{8,000\text{万円（配偶者取得分）}}{1\text{億}6,000\text{万円（遺産総額）}}$ = 860万円

　　　　860万円 − 860万円（配偶者の税額軽減額）= 0円

長男　　1,720万円 × $\frac{4,000\text{万円（長男取得分）}}{1\text{億}6,000\text{万円（遺産総額）}}$ = 430万円

二男　　1,720万円 × $\frac{4,000\text{万円（二男取得分）}}{1\text{億}6,000\text{万円（遺産総額）}}$ = 430万円

【2次相続】

被相続人：B（Aの配偶者）

相 続 人：Bの長男、二男

遺　　産：預金8,000万円（Bが生前にAより相続したもの）

遺産分割：長男　預金4,000万円

　　　　　二男　預金4,000万円

● 基礎控除

基礎控除3,000万円 + 法定相続人の数2人 × 600万円 = 4,200万円

● 課税遺産総額

預金8,000万円 − 4,200万円 = 3,800万円

● 法定相続分

長男　$\frac{1}{2}$

二男　$\frac{1}{2}$

● 相続税

長男　$3,800\,万円 \times \dfrac{1}{2} \times 15\% - 50\,万円 = 235\,万円$

二男　$3,800\,万円 \times \dfrac{1}{2} \times 15\% - 50\,万円 = 235\,万円$

相続税　$235\,万円 + 235\,万円 = 470\,万円$

● 各人の相続税

長男　$470\,万円 \times \dfrac{4,000\,万円\,（長男取得分）}{8,000\,万円\,（遺産総額）} = 235\,万円$

二男　$470\,万円 \times \dfrac{4,000\,万円\,（二男取得分）}{8,000\,万円\,（遺産総額）} = 235\,万円$

【1 次相続及び 2 次相続　合計相続税額】

$860\,万円 + 470\,万円 = 1,330\,万円$

上記**事例①～③**の結果をまとめると以下になります。

	配偶者が全て相続した場合（事例①）	子供が全て相続した場合（事例②）	法定相続分で相続した場合（事例③）
1 次相続相続税額	0 円	1,720 万円	860 万円
2 次相続相続税額	2,140 万円	0 円	470 万円
1 次相続、2 次相続合計相続税額	2,140 万円	1,720 万円	1,330 万円

　このように、1 次相続に気を取られすぎると 2 次相続で多額の相続税を納めることになる可能性があります。相続税をなるべく抑えたいのであれば、1 次相続の遺産分割の際に、2 次相続でどのぐらいの相続税がかかるのかも検討したうえで遺産分割協議をする必要があります。

用語カイセツ 相次相続控除 ――――――――――――――――――

　1 次相続から 2 次相続までの期間が 10 年以内であれば相次相続控除が適用できます。控除額は 1 次相続から 2 次相続までの期間に応じて変わりますが、10 年を超えれば相次相続控除は適用できなくなります。

遺言書がある場合の遺産分割

Q1-13

被相続人の遺言書が出てきました。相続人は配偶者、子1人です。遺言書には配偶者に財産の全てを相続させる旨が記載されていましたが、配偶者との話し合いの結果、配偶者と子で遺産の2分の1ずつ相続したいと考えております。遺言書があるのに遺言書と異なる内容で遺産分割協議書を作成し遺産を相続しても良いのでしょうか。また、遺言書と異なる内容で相続した場合には贈与税が課税されるのでしょうか。

A 遺言書が残されていたとしても、相続人全員が同意し遺産分割協議が成立すれば、遺言書と異なる内容で遺産分割協議書を作成し相続することは可能です。また、遺言書と異なる内容で全ての遺産に対し、遺産分割協議書を作成し相続した場合には、贈与税は課税されません。

　被相続人の残した遺言書がある場合に、遺言書の内容に相続人が納得いかないことや、遺言通りに相続すると多額の相続税が課税されることがあります。このような場合、遺言書に従い遺産を相続しなくても、相続人間で協議した内容で遺産分割することが可能です。

　遺言書は相続財産を所有していた遺言者の意思になりますので尊重すべきですが、相続後に遺産を管理するのは相続人です。遺言書は必ずしも相続人の納得のいく内容とは限りません。そのため遺言書に納得がいかない場合には、相続人全員の同意があれば、遺言書を無視して遺産分割協議書に従って遺産を分割することができます。

❶ 遺言書により遺産分割について指示がある場合

　ただし、被相続人が遺言書により、遺産分割について指示を出したり、制限を加えている場合があります。

被相続人は、遺言で遺産分割の方法を定め、もしくは遺産分割方法を第三者に委託することができます。

　また、相続開始から5年以内の期間を定めて遺産分割を禁ずることができます（民法908条）。これは、相続人間での遺産分割協議で揉める可能性がある場合や、相続人に未成年者がいて成人になってから遺産分割を確定させたい場合など、すぐに遺産分割をさせたくないと考えられる場合に、遺言書に記載することで5年を超えない期間を定めて遺産分割を禁止することができるというものです。

　また、遺言書に遺言執行者の記載がある場合、遺言書を無視し、遺産分割協議により相続したい場合には遺言執行者の同意が必要となります。

　遺言執行者は、遺言の内容を実現するため、相続財産の管理その他遺言の執行に必要な一切の行為をする権利義務を有しており（民法1012条）、遺言執行者がいる場合には、相続人は、相続財産の処分その他遺言の執行を妨げる行為をすることができない（民法1013条1項）とされています。そのため、遺言書と異なる遺産分割をするためには、遺言執行者の同意が必要と考えられています。

❷ 遺言書が後から見つかった場合

　遺産分割協議書の作成が終わった後に遺言書が見つかった場合など、遺言書があることを知らずに遺産分割協議書が作成された場合には、その遺産分割協議書は無効となります。この場合、その遺産分割協議書通りに分割するためには、包括遺贈（相続財産の全部又は一定の割合で遺贈すること）の記載があった場合には、受遺者（遺言により財産を受け取るはずだった人）が裁判所へ放棄の申述をすることや、受遺者も含め、全員がその遺産分割協議の内容に合意することなどが必要となります。

　また、相続税の申告後に遺言書が発見され、その遺言書に従い遺産の再分配が行われたことで、当初申告における相続税の税額等が過大となった相続人は、相続税の更正の請求（18ページ参照）を行うことができます。

当初申告における相続税の税額等が過少となった相続人は、相続税の修正申告を行うこととなります。

Q1-14 死亡保険金と遺産分割の関係及び課税関係

被相続人が被保険者となっている生命保険がありました。また、その他にも受取人が配偶者になっている保険や、受取人の決まっていない保険、被保険者が配偶者になっている保険がありました。このような保険についてはどのように処理すればよろしいでしょうか。

A 受取人が指定されている保険金については、受取人固有の財産と考えられているため遺産分割の対象にはなりません。ただし、相続税の申告ではみなし相続財産として相続税の課税対象となります。受取人が指定されていない場合には、保険会社の契約約款の定めに従うことになります。
また被保険者が被相続人以外で被相続人が保険料を負担していた場合には、「生命保険契約に関する権利」が相続税の課税対象となります。

死亡保険金は相続財産ではなく、保険契約に基づき受取人が受け取るものであるため、受取人固有の財産と考えられています。そのため死亡保険金は遺産分割の対象とはならず、原則として遺産分割協議は不要となります。この場合、保険契約で定められた受取人が保険金を受け取ることになります。

なお、受取人が指定されていない生命保険は、保険契約に基づいて相続人が保険金請求権を取得します。相続人が保険金を受け取るべき割合は、相続人が均等の割合で取得するという考え方と、法定相続分によるという考え方があります。保険金を受け取るべき割合が保険会社の契約約款で定められている場合は、その約款に従うことになります。保険会社が定める約款は、均等の割合としている場合が多いようです。

❶ 指定した受取人が死亡している場合

指定した受取人が被相続人（被保険者）の相続開始時点で死亡している

場合には、受取人の法定相続人が保険金を相続することとなります。ただし、保険会社の約款が優先されますので、保険会社によって取扱いが異なる場合もあります。受取人が死亡している場合、被相続人の意図しないところに保険金が支払われる可能性があるため、受取人が死亡した場合には早めに変更手続きを行うとよいでしょう。

保険金の受取人が死亡している場合、被保険者の死亡保険金は、「受取人の」法定相続人が均等の割合で相続することになります。この際気をつけなければならないのは、「被相続人の」法定相続人にあたらない人が受け取るような場合です。相続税申告において死亡保険金には非課税枠がありますが（**Q1-16** 参照）、保険金を相続する人が被相続人の法定相続人でない場合は、この非課税枠は利用できません。また、保険金を受け取ったことにより発生する相続税は 2 割加算（**Q1-15** 参照）されます。

❷ 例外的に保険金が遺産分割の対象となる場合

死亡保険金は原則として遺産分割協議は不要となりますが、例外的に遺産分割が考慮される場合があります。

最高裁判所平成 16 年 10 月 29 日決定では、死亡保険金請求権が民法 903 条の趣旨に照らし到底是認することができないほどに著しく不公平であると評価すべき特段の事情が存する場合には、特別受益の持ち戻し（**Q1-10** 参照）の対象になると示しています。

遺産分割に生命保険を活用する際は、保険金の額、遺産の総額に対する保険金の割合、保険金受取人が被相続人と同居していたかどうかや被相続人の介護をしていたかどうかなど各相続人の事情を考慮した上で、あまり偏った契約内容にならないように注意する必要があります。

Q1-15 相続放棄した場合の相続税申告

　被相続人の遺産分割協議が今後相続人間で行われますが、相続問題に巻き込まれたくありません。そのため相続放棄を検討しています。相続放棄をした場合に、相続放棄した相続人は相続税の申告は必要でしょうか。

A　相続放棄した場合には相続財産を受け取ることができません。相続放棄した相続人は、相続又は遺贈により財産の一切を取得していない場合、相続税の申告をする必要はありません。しかし、相続放棄した人が、遺贈等によって財産を取得した場合には、相続税の申告が必要となります。

❶ 相続放棄した場合の相続税申告への影響

　相続放棄とは、被相続人の遺産を相続する権利を放棄することです。

　相続放棄した場合には、「最初から相続人ではなかった」とみなされます。

　相続放棄した場合の相続税申告への影響は以下の通りです。

①　基礎控除額

　基礎控除額は、「3,000万円＋600万円×法定相続人の数」で計算することとなります。ここでいう法定相続人の数は、相続放棄した人を含めてその放棄がなかったものとして計算した相続人の数をいいます。

②　配偶者の税額軽減

　配偶者が相続放棄した場合でも、遺贈により取得した財産があるときは、配偶者の税額軽減の規定を適用できることになります。

③　未成年者控除・障害者控除

　相続放棄をした人が財産を取得した場合には、相続放棄したことにより

相続人に該当しないことになった場合でも、その放棄がなかったものとして適用することができます。

④ 相次相続控除

相次相続控除は、相続人に限定されていますので、相続放棄をした人が遺贈により財産を取得しても適用することはできません。

⑤ 贈与財産の加算

相続又は遺贈より財産を取得した人が、被相続人からその相続開始前7年以内※に贈与により取得した財産があるときは、その贈与を受けた人の相続税の課税価格に贈与を受けた財産の贈与時点での価額を加算します。

贈与財産の加算は、相続又は遺贈により財産を取得した人が対象となり、加算される人は相続人とは限りません。つまり、相続放棄した人でも遺贈により財産を取得した場合には、7年以内※の贈与を加算することになります。相続又は遺贈により財産を取得していない人は、相続開始前7年以内※の贈与は加算されません。

※ 令和6年1月1日以後の贈与については、「3年以内」から「7年以内」に延長されました（13ページ参照）。

⑥ 相続税額の2割加算

相続又は遺贈などの贈与により財産を取得した人が、被相続人の一親等の血族（代襲相続人になった孫を含みます）及び配偶者以外の人である場合には、その人の相続税額に2割の金額が加算されます。

一親等の血族又は配偶者であれば相続人でなくても相続税額の2割加算の適用はされないため、相続放棄した人が一親等の血族又は配偶者である場合には、遺贈により財産を取得した場合も相続税額の2割加算は適用されません。ただし、被相続人の代襲相続人の地位にある者が相続放棄をし、遺贈により財産を取得した場合には2割加算は適用されます。

⑦ 葬儀費用

　相続放棄した人は、債務控除の規定の適用はできませんが、その相続放棄した人が現実に被相続人の葬式費用を負担した場合には、その葬儀費用の負担額は、その相続放棄した人の遺贈により取得した財産の価額から債務控除することができます。

❷ 被相続人に債務があり相続放棄をしたい場合

　被相続人に多額の債務があり相続放棄をする場合もあります。その場合、第一順位（子などの直系卑属）の相続人の内一人が相続放棄しても、法定相続人は配偶者や第一順位の子などになりますが、第一順位の相続人全員が相続放棄した場合には、新たに第二順位である被相続人の両親など（直系尊属）が法定相続人となります。

　両親などの直系尊属が既に亡くなっている場合や、第一順位の相続人と同様に相続放棄した場合には、第三順位の被相続人の兄弟姉妹が法定相続人となります。

ポイント

　被相続人の債務を引き継ぎたくない場合には、最終的に第三順位までの相続人全員が相続放棄をしなければなりませんので、気を付ける必要があります。

　なお、被相続人の配偶者は常に相続人となりますので、第一順位である子などが全員相続放棄した場合には、配偶者と、第二順位である被相続人の直系尊属が相続人となります。

Q1-16 相続放棄した場合の死亡保険金の相続税申告

被相続人の遺産分割協議が今後相続人間で行われますが、相続放棄を検討しています。ただし、私が受取人である生命保険契約があると聞いています。相続放棄した場合、私が受取人の保険金も受け取ることができないのでしょうか。また、受け取れた場合相続税の申告は必要でしょうか。

A 相続放棄をした場合でも死亡保険金を受け取ることは可能です。死亡保険金は受取人固有の財産であり、被相続人の相続財産とは別と考えられるためです。ただし、相続税の計算上みなし相続財産として相続税の課税対象になるため、相続税の申告は必要となります。

　受取人が指定されている場合には、死亡保険金は被相続人の相続財産ではなく、保険金受取人の固有の財産となります。この受け取った死亡保険金は、みなし相続財産として相続税の課税対象になります。

　ただし、受け取った保険金には以下の通り非課税枠があります。

　500万円×法定相続人の数＝非課税限度額

　全ての相続人が受け取った保険金の合計額が非課税限度額を超えた場合、その超えた金額が相続税の課税対象になります。

　ここでいう「法定相続人の数」とは、相続放棄した人を含めてその放棄がなかったものとして計算した相続人の数をいいます。ただし、被相続人の死亡により取得した死亡保険金や損害保険金の非課税枠は、相続人が相続した場合に適用されることになります。そのため受取人が相続放棄をした場合には、相続人ではなくなるため非課税枠を適用できなくなります。

　死亡保険金の受取人が相続放棄をする場合について、事例で確認してみましょう。

【1次相続】

被相続人：A

相　続　人：Aの長男、二男（相続放棄）

遺　　　産：預貯金1億円、死亡保険金5,000万円（受取人…長男3,000
　　　　　　万円、二男2,000万円）

遺産分割：長男が預貯金の1億円を相続する。

① 基礎控除

　基礎控除3,000万円＋法定相続人の数2人×600万円＝4,200万円

　基礎控除額は相続放棄した人を含めてその放棄がなかったものとして計算するため、相続放棄した二男も計算に含めます。

② 死亡保険金の非課税枠

　非課税限度額　500万円×法定相続人の数2人＝1,000万円

　非課税枠は、相続放棄した人を含めてその放棄がなかったものとして計算するため、相続放棄した二男も計算に含めます。ただし非課税枠は相続人が相続した場合に適用されますので、二男は非課税枠を適用することができず、非課税枠は長男が適用することになります。

③ 相続税

● 課税価格

　長男　預貯金1億円＋死亡保険金3,000万円－1,000万円（非課税枠）
　　　　＝1億2,000万円

　二男　死亡保険金2,000万円

● 課税遺産総額

　1億2,000万円＋2,000万円－4,200万円＝9,800万円

● 法定相続分

　長男　$\frac{1}{2}$

二男 　$\frac{1}{2}$

相続放棄した人を含めてその放棄がなかったものとして計算します。

● 相続税

長男 　9,800 万円 $\times \frac{1}{2} \times 20\% - 200$ 万円 $= 780$ 万円

二男 　9,800 万円 $\times \frac{1}{2} \times 20\% - 200$ 万円 $= 780$ 万円

相続税 　780 万円 $+ 780$ 万円 $= 1,560$ 万円

● 各人の相続税

長男 　$1,560$ 万円 $\times \dfrac{1 億 2,000 万円（長男取得分）}{1 億 4,000 万円（遺産総額）}$

　　　 $= 13,371,400$ 円（百円未満切捨）

二男 　$1,560$ 万円 $\times \dfrac{2,000 万円（二男取得分）}{1 億 4,000 万円（遺産総額）}$

　　　 $= 2,228,500$ 円（百円未満切捨）

二男は相続放棄していますが、被相続人の一親等の血族であるため、相続人でなくても相続税額の 2 割加算の適用はされません。

第2節 法定相続分

法定相続分とは

Q1-17 　法定相続分とは何ですか。

A　　法定相続分とは、被相続人の遺産を相続する場合に、共同相続人が取得する遺産の割合として民法で定められた相続割合のことをいいます。

　　民法で法定相続分が定められていますが、必ず法定相続分で遺産分割をしなければならないわけではありません。

　法定相続人の範囲は、被相続人の配偶者は常に相続人となり、配偶者以外は、次の順序で配偶者と共に相続人になります。

① 　第一順位は被相続人の子供となります。被相続人の親や兄弟がいたとしても、被相続人に子供がいる場合には子供が法定相続人になります。

　　配偶者がいる場合には配偶者と子供が法定相続人となり、配偶者がいない場合には子供のみが法定相続人となります。

　　子供が既に亡くなっている場合には、孫やひ孫が代襲相続人として法定相続人になります。

　　子供や孫などの、被相続人より後の世代の直系血族のことを直系卑属といいます。

② 　第二順位は被相続人の親となります。被相続人に子供や孫などの直系卑属がいない場合には親が法定相続人になります。配偶者と親がいる場合には配偶者と親が法定相続人となり、配偶者がいない場合には親のみ

が法定相続人となります。親が亡くなっていて祖父母が存命の場合には、祖父母が法定相続人となります。

被相続人より前の世代の直系血族のことを直系尊属といいます。

③　第三順位は被相続人の兄弟姉妹となります。被相続人に子供や孫などの直系卑属及び親や祖父母などの直系尊属がいない場合には、兄弟姉妹が法定相続人になります。配偶者と兄弟姉妹がいる場合には配偶者と兄弟姉妹が法定相続人となり、配偶者がいない場合には兄弟姉妹のみが法定相続人となります。

兄弟姉妹が亡くなっている場合には甥、姪が代襲相続人として法定相続人になります。ただし甥、姪も亡くなっている場合に、甥、姪の子供は法定相続人にはなりません。

被相続人との関係	相続の順位
子など（直系卑属）	第一順位
両親など（直系尊属）	第二順位
兄弟姉妹	第三順位

法定相続分は、民法で以下のように定められています。

相続人	相続する割合
配偶者のみ	配偶者 100%
配偶者と直系卑属	配偶者 1/2 直系卑属 1/2（2 人以上の場合には全員で 1/2）
配偶者と直系尊属	配偶者 2/3 直系尊属 1/3（2 人の場合には全員で 1/3）
配偶者と兄弟姉妹	配偶者 3/4 兄弟姉妹 1/4（2 人以上の場合には全員で 1/4）

配偶者が既に死亡している場合は以下のようになります。

相続人	相続する割合
直系卑属	直系卑属 100%（2 人以上の場合には全員で 100%）
直系尊属	直系尊属 100%（2 人の場合には 1/2 ずつ）
兄弟姉妹	兄弟姉妹 100%（2 人以上の場合には全員で 100%）

代襲相続人がいる場合の法定相続分

Q1-18

被相続人の相続人は、配偶者、長男、二男となります。被相続人の相続人となるはずであった長男は被相続人より先に亡くなっています。被相続人より先に亡くなった長男には子供が1人います。この場合、被相続人の相続人は何人になりますか。

A 被相続人の相続人は、配偶者、二男、長男の代襲相続人となる長男の子供1人となりますので、相続人は3人となります。

❶ 代襲相続人とは

代襲相続とは、被相続人の相続人となるはずであった子供や兄弟姉妹が、被相続人より先に亡くなっている場合、その亡くなった相続人の直系卑属（兄弟姉妹の場合は子のみ）が代わって相続することです。

代襲相続は、相続人の死亡以外に、相続欠格や相続人の廃除により相続人が相続権を失った場合にも起こりえます（次ページ参照）。

被相続人の相続人になるはずであった人を被代襲者と呼び、被代襲者の代わりに相続人になった被相続人の孫などを代襲者又は代襲相続人と呼びます。

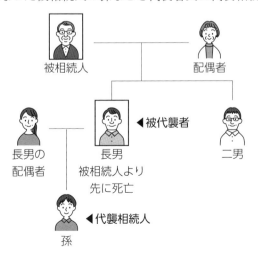

❷ 死亡以外の原因による代襲相続

(1) 相続欠格による代襲相続

　相続欠格とは、相続人が相続に関する犯罪などにより相続人の資格を剥奪されることです。例えば故意に被相続人や相続人を死亡させ刑に処された相続人や、脅迫などにより遺言書の作成、変更などを妨げた相続人などが該当します。

　相続欠格に該当した相続人は、相続人の権利を永久に失うことになります。

　相続欠格に該当した相続人に相続させるため被相続人が遺言書を作成したとしても、その遺言書は認められません。

　ただし、相続欠格に該当した相続人の子は被相続人の代襲相続人になることができます。これは、相続欠格により相続人の権利を失ったのは相続欠格に該当した本人のみという考えからです。

(2) 相続人の廃除による代襲相続

　相続人が被相続人に対し暴力などの虐待や侮辱行為を行った場合に、被相続人の申請により相続廃除を家庭裁判所に申し立て審判が確定すると、その相続人は相続人の権利を失うことになります。これを相続人の廃除といいます。

　相続廃除により相続権を失った相続人は、遺留分（本章**第5節**参照）も剥奪されることになります。

　相続欠格とは異なり、相続人の廃除は被相続人の意思により廃除しているため、相続廃除を取り消すこともできます。また、相続廃除された相続人に遺贈することも可能です。

　相続人の廃除により廃除された相続人の子供は、被相続人の代襲相続人になることができます。

(3) 注意点

　相続欠格や相続廃除は、被相続人の相続開始後になされた場合であって

も遡って効果が生じることになります。

また、民法887条2項では、「被相続人の子が、相続の開始以前に死亡したとき、又は第891条の規定に該当し、若しくは廃除によって、その相続権を失ったときは、その者の子がこれを代襲して相続人となる。ただし、被相続人の直系卑属でない者は、この限りでない。」と規定しています。

つまり代襲相続の要件は「相続人の死亡」「相続欠格」「相続人の廃除」の3要件に限られているため、被相続人の相続人が相続放棄した場合には、相続放棄した相続人の子供が代襲相続人になることはできません。

❸ 代襲相続人の法定相続分

代襲相続人の法定相続分は、被代襲者の法定相続分を代襲相続人で分けることになります。

例えば、被代襲者の法定相続分が4分の1で代襲相続人が2人の場合には、代襲相続人は8分の1が法定相続分となります。

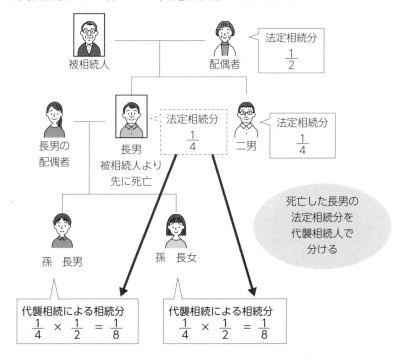

❹ 二重相続資格者がいる場合の法定相続分

　二重相続資格とは、被相続人の孫が養子縁組し、被相続人の子（孫の親）が先に亡くなっている場合など、「養子縁組により被相続人の子であり、かつ孫の親の代襲相続人である」という場合には、二重で相続権の資格を有することをいいます。

孫が養子になっており、代襲相続人でもある場合

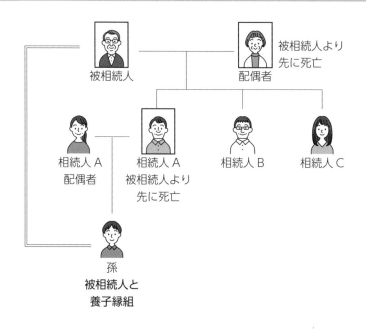

　この場合孫は、被相続人と養子縁組をしているため、「被相続人の実子としての法定相続分」と、「相続人Aの代襲相続人としての法定相続分」を有することになります。

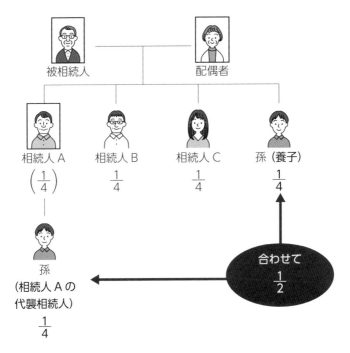

　孫は被相続人と養子縁組をしているため、それぞれの法定相続分は4分の1となります。相続人Aの法定相続分は代襲相続人である孫が相続分を有することになるため、相続人Aの法定相続分4分の1は孫が代襲相続します。つまり孫は養子縁組による法定相続分4分の1と相続人Aの代襲相続による法定相続分4分の1とを合わせて、法定相続分2分の1の相続分を有することになります。

Q1-19 養子縁組した場合の法定相続分

被相続人の相続人は配偶者、長女、養子縁組した長女の息子となります。この場合相続税の計算はどのようになりますか。

A 養子縁組した養子は、法律上血族と同じ扱いです。そのため実子と同じ法定相続分となります。相続税の基礎控除額、死亡保険金の非課税限度額、死亡退職金の非課税限度額、相続税の総額の計算については、養子縁組した養子も法定相続人の数に含めて相続税を計算することになります。

　養子は、縁組の日から、養親の嫡出子の身分を取得することとなります（民法809条）。養子縁組の日から嫡出子となりますので、実子と同じ立場になることを意味しています。

❶ 養子縁組の種類

　養子縁組は、普通養子縁組と特別養子縁組の2種類に分かれます。普通養子縁組か、特別養子縁組かで、養子縁組後の実親との関係性が大きく異なります。

(1) 普通養子縁組

　普通養子縁組とは、実の親との親子関係を継続したまま、養親と新たな親子関係を生じさせる養子縁組の方法です。養親と法律上親子関係が成立しますが、実親との親子関係が解消されるわけではありません。普通養子縁組で養子になった人は、実親と養親の2組の親を持つことになります。

　普通養子縁組で養子になった人は、養親が亡くなった時だけではなく、実親が亡くなった場合も実親の法定相続人になります。養子になった人が実親と養親よりも先に亡くなり、養子となった人に子がいない場合には、実親と養親のどちらも法定相続人になります。

(2) 特別養子縁組

　特別養子縁組とは、実の親との親子関係を切って養親と新たな親子関係を生じさせる養子縁組です。普通養子縁組の場合、実親との親子関係は解消されませんが、特別養子縁組では実親との親子関係が無くなります。

　特別養子縁組で養子になった人は養親の法定相続人になりますが、実親の法定相続人ではなくなります。なお、養子になった人が実親と養親よりも先に亡くなった場合、養親は法定相続人になりますが、実親は法定相続人になりません。

❷ 養子の数の制限

　民法では、養子となれる人の数に制限を設けていません。しかし、相続税の計算をする際は、法定相続人に含める養子の数に制限が設けられています。理由としては、相続税の基礎控除額は法定相続人の数によって決まるので、養子となった人を無制限に法定相続人に含めてしまうと、相続税の負担を軽減できてしまうためです。

　法定相続人の数に含めることができる養子の数は以下の通りです。

- 被相続人に実子がいる場合……1人
- 被相続人に実子がいない場合…2人

　ただし、養子の数を法定相続人の数に含めることで相続税の負担を不当に減少させる結果となると認められる場合、その原因となる養子の数は法定相続人の数に含めることはできないとされています（下記〈参考〉参照）。

〈参考〉
　最高裁判所第三小法廷平成29年1月31日判決では、相続税の節税のために養子縁組をしたとしても養子縁組をする意思がある場合には、民法802条1号にいう「当事者間に縁組をする意思がないとき」に当たらないと示しています。しかし、相続税の計算上は、相続税法63条では「養子の数を同項の相続人の数に算入することが、相続税の負担を不当に減少させる結果となると認められる場合においては、税務署長は、相続税についての更正又は決定に際し、税務署長の認め

るところにより、当該養子の数を当該相続人の数に算入しないで相続税の課税価格及び相続税額を計算することができる。」と規定しています。

　相続税の負担を不当に減少させると認められる場合には、その原因となる養子の数は法定相続人の数に含めることはできないため、相続税の申告をする場合には注意が必要です。

❸ 養子縁組した場合の代襲相続権の有無

　被相続人の子が養子であり、被相続人より先に養子が亡くなっている場合、養子の子は代襲相続をすることができるのかどうかが問題となってきます。民法 887 条 2 項では「ただし、被相続人の直系卑属でない者は、この限りでない。」と、直系卑属でない者は代襲者の相続権がないことを示しています。

　ここで問題となるのは、養子縁組前又は後に生まれた養子の子は直系卑属になるのかです。

(1)　養子縁組前に生まれた養子の子

　養子縁組前に養子の子が生まれている場合には、養子縁組をしても養子の子は被相続人の直系卑属にならず、養子の代襲相続人にはなれません。

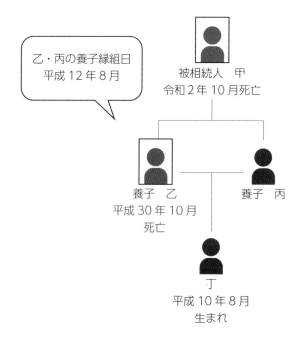

養子縁組前に養子の子が生まれている場合

乙・丙の養子縁組日
平成12年8月

被相続人　甲
令和2年10月死亡

養子　乙
平成30年10月
死亡

養子　丙

丁
平成10年8月
生まれ

　上図の場合、丁は養子縁組前に生まれているため被相続人の直系卑属にならず、養子の代襲相続人にはなれません。

(2)　養子縁組後に生まれた養子の子

　養子縁組後に養子の子が生まれている場合には、養子を通じて被相続人の直系卑属に該当するため、養子の代襲相続人となれます。

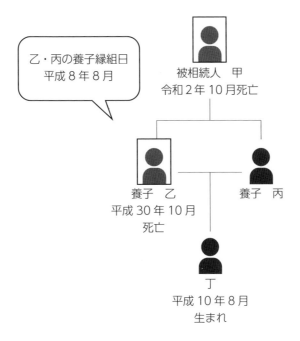

上図の場合、丁は養子縁組後に生まれているため、養子を通じて被相続人の直系卑属に該当することから、養子の代襲相続人となれます。

事例

　片方の親のみが被相続人の養子であり、被相続人より先に養子が亡くなっている場合、養子の子は代襲相続をすることができるのでしょうか。

片方の親を養子縁組している場合

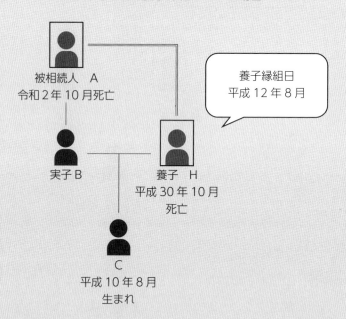

　この事例では、養子縁組前にＣは生まれており、養子を通じて被相続人の直系卑属に該当しないため、養子の代襲相続人となれないように考えられます。

　しかし、この事例ではＣは、実子であるＢを通じて被相続人の直系卑属に該当するため、Ｈの代襲相続人として被相続人Ａの相続人となります。

〈参考〉　大阪高裁平成元年8月10日判決

　この点につき、右Cは亡Hの養子縁組前の子であるから、亡Hを通してAとは親族関係を生ぜず、したがってAの死亡による相続に関して亡Hの代襲者にはなり得ないとの考え方があるが、民法887条2項ただし書において、「被相続人の直系卑属でない者」を代襲相続人の範囲から排除した理由は、血統継続の思想を尊重するとともに、親族共同体的な観点から相続人の範囲を親族内の者に限定することが相当であると考えられたこと、とくに単身養子の場合において、縁組前の養子の子が他で生活していて養親とは何ら係わりがないにもかかわらず、これに代襲相続権を与えることは不合理であるからこれを排除する必要があったことによるものと思われるところ、本件の場合には、右Cはその母Bを通じて被相続人Aの直系の孫であるから右条項の文言上において直接に違反するものではなく、また、被相続人との家族生活の上においては何ら差異のなかった姉妹が、亡父と被相続人間の養子縁組届出の前に生れたか後に生れたかの一事によって、長女には相続権がなく二女にのみ相続権が生ずるとすることは極めて不合理であるから、衡平の観点からも、右Cには被相続人Aの遺産に関し代襲相続権があると解するのが相当である。

（裁判所ホームページより）

Q1-20 嫡出子と非嫡出子の法定相続分

被相続人には、配偶者とその配偶者との間に一人子供がいます。また、婚姻関係のない女性との間に一人子供がいます。この場合法定相続分はどのようになりますか。

A　婚姻関係のない女性との間の子を父親が認知しているかどうかにより異なります。父親が認知している場合には、嫡出子と非嫡出子は法定相続分が同じであるため、配偶者2分の1、嫡出子が4分の1、非嫡出子が4分の1の法定相続分となります。

父親が認知していない場合には、法律上子と扱われません。

認知していない場合の法定相続分は、配偶者2分の1、嫡出子2分の1となります。

❶ 嫡出子

嫡出子とは、婚姻関係にある男女の間に生まれた子のことをいいます。

(1)　嫡出子と推定される場合

子の母親は分娩の事実から親子関係は明らかですが、父親が誰なのかは必ずしも明らかではありません。

そこで民法772条1項では、「妻が婚姻中に懐胎した子は、夫の子と推定する。」と規定されています※1。

さらに、妻が婚姻中に懐胎したということを証明することも難しいため、民法772条2項では、「婚姻の成立の日から200日を経過した後又は婚姻の解消若しくは取消しの日から300日以内に生まれた子は、婚姻中に懐胎したものと推定する。」と規定されています※2。

このように、子の生まれた時期から嫡出子であることが推定される場合を嫡出推定といいます。

80　　第1章　遺産分割協議

※1　民法772条1項は、令和6年4月1日より「妻が婚姻中に懐胎した子は、当該婚姻における夫の子と推定する。女が婚姻前に懐胎した子であって、婚姻が成立した後に生まれたものも、同様とする。」に改正されます。

※2　民法772条2項は、令和6年4月1日より「前項の場合において、婚姻の成立の日から200日以内に生まれた子は、婚姻前に懐胎したものと推定し、婚姻の成立の日から200日を経過した後又は婚姻の解消若しくは取消しの日から300日以内に生まれた子は、婚姻中に懐胎したものと推定する。」に改正されます。

(2)　推定されない場合

　民法772条2項からすると、婚姻成立の日から200日以内に生まれた子又は婚姻の解消もしくは取消しの日から300日を超えて生まれた子は、嫡出推定が及ばないことになります※。

※　上述の民法772条2項の改正により、婚姻の成立の日から200日以内に生まれた子は、婚姻前に懐胎したものと推定されることになります。

(3)　推定が及ばない場合

　民法772条2項は、日数のみで形式的に判断することとされています。しかし、子が生まれたのが嫡出推定を受ける期間中であっても、夫が行方不明の場合など妻が夫によって懐胎することが不可能な事実があるときは、嫡出推定は及ばないものとされています。

❷ 非嫡出子

　非嫡出子とは、婚姻関係に無い男女の間に生まれた子のことをいいます。非嫡出子の親子関係は、母親は分娩の事実から親子関係は明らかですが、父親との親子関係は認知が必要となります。

❸ 嫡出子と非嫡出子の法定相続分

　子の法定相続分について、以前は非嫡出子の法定相続分は嫡出子の2分の1でしたが、最高裁判所大法廷平成25年9月4日決定を受けて民法が

改正され、両者の相続分が平等となりました。つまり、嫡出でない子だとしても、被相続人が子として認知していれば、嫡出子と非嫡出子の法定相続分は平等となります。

Q1-21 相続分の譲渡

相続分を譲渡しようと考えています。相続分を譲渡した場合の取扱いと手続きについて教えてください。

A 　相続分を他の相続人に譲渡したのか又は第三者に譲渡したのか、有償又は無償で譲渡したのかによって課税される税金が異なります。

　相続分の譲渡とは、被相続人の遺産を相続できる権利を他の相続人又は第三者に譲渡することです。

　相続人は、相続分の全部又は一部を譲渡することができます。

❶ 他の相続人に相続分を有償で譲渡した場合の課税関係

　他の相続人に相続分を有償で譲渡をした場合には、その受け取った金銭に対して相続税が課税されることになります。

　相続分の譲渡をしてもらい金銭を支払った人は、その支払った金額だけ取得した財産が減少することになり、相続税が減少することになります。

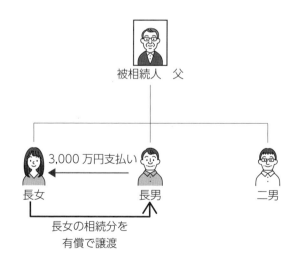

被相続人　父

3,000万円支払い

長女　　　　　長男　　　　　　二男

長女の相続分を
有償で譲渡

例えば、相続分の譲渡が3,000万円で行われ、長男が長女に3,000万円を支払ったとします。

この場合、相続分を譲渡したことにより、長女に譲渡所得税が課税されるのではなく、相続による代償金として3,000万円を取得したものと考えます。

長男については、相続分の譲渡を受けたことにより、長女に代償金として支払った3,000万円を差し引いた金額が相続により取得した財産と考えます。

他の相続人に相続分を有償で譲渡した場合には、いわゆる代償分割（Q1-23参照）が行われた場合と同様の取扱いとなり、代償分割が行われた場合と同様に相続税の申告を行うことになります。

❷ 他の相続人に相続分を無償で譲渡した場合の課税関係

他の相続人に相続分を無償で譲渡をした場合には、遺産分割により財産を取得しなかった場合と同様に考えます。

他の相続人に相続分を無償で譲渡した人は、財産を取得しなかった場合と同様に取り扱うため、相続税を納める必要はありません。

相続分の譲渡をしてもらった人は、金銭を支払っていないため、相続分の譲渡をしてもらった分に関して相続税に変動はありません。

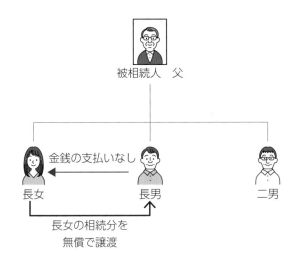

❸ 相続人以外の第三者に相続分を有償で譲渡した場合の課税関係

　相続人以外に相続分を有償で譲渡をした場合には、その受け取った金銭に対して譲渡所得税が課税されることになります。また、相続分を相続人以外の第三者に譲渡した場合には、相続分を譲渡したとしても相続分の財産を相続したことには変わりません。相続人が遺産を相続し、相続人以外の第三者に有償で譲渡したと考えます。

　したがって、相続分を相続人以外の者に譲渡したとしても、譲渡した相続人は、相続税の納税義務者となります。相続分を譲り受けた相続人以外の第三者は相続税の納税義務者とはなりません。

　また、相続分を有償で譲渡した場合でも、その金額が相続分に対する財産の時価と比べて著しく低い場合には、相続分を譲り受けた相続人以外の第三者に、譲渡金額と相続分に対する財産の時価との差額に対して贈与税が課税されます。

❹ 相続人以外の第三者に相続分を無償で譲渡した場合の課税関係

　相続人以外に相続分を無償で譲渡した場合には、その相続分を受け取った相続人以外の第三者は贈与税が課税されることになります。また、相続分を相続人以外の第三者に譲渡した場合には、相続分を譲渡したとしても相続分の財産を相続したことには変わりません。相続人が遺産を相続し、相続人以外の第三者に無償で譲渡したと考えます。

　したがって、相続分を相続人以外の者に譲渡したとしても、譲渡した相続人は、相続税の納税義務者となります。相続分を譲り受けた相続人以外の第三者は相続税の納税義務者とはなりません。

	譲渡の相手方	課税関係 有償で譲渡	課税関係 無償で譲渡
相続分を譲渡した相続人	相続人同士の譲渡	相続税	—
	相続人以外の第三者への譲渡	相続税 譲渡所得税	相続税
相続分を譲り受けた者	相続人同士の譲渡	相続税	相続税
	相続人以外の第三者への譲渡	（対価が著しく低い場合は贈与税）	贈与税

第3節 遺産分割方法

現物分割とは

Q1-22　遺産分割方法の一つに現物分割がありますが、現物分割のメリット、デメリットを教えてください。

A　現物分割のメリット、デメリットは以下の通りです。

❶ 現物分割のメリット

　現物分割とは被相続人の遺産を分ける方法の一つで、土地などを売却して換金するのではなく、遺産をそのまま相続人に分けることになります。

　現物分割のメリットは、手続きが容易な点です。土地を換金して相続人に分けたりする必要がありませんので、被相続人の名義を相続人の名義に変更するだけです。

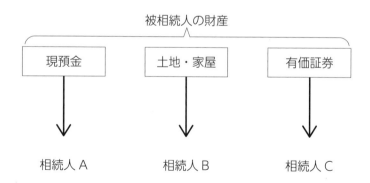

❷ 現物分割のデメリット

　現物分割のデメリットは、相続人全員均等に分けることが難しい点です。

被相続人の遺産がほとんど現預金であれば均等に分けるのは簡単ですが、現預金の他に土地などがある場合には、相続人全員に均等に分けるのは困難です。

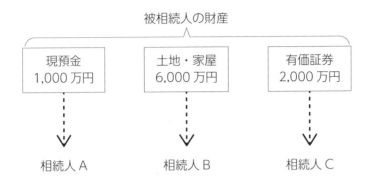

現物分割の場合には、均等に分けることが困難であるため、相続人間で揉める可能性もあります。

❸ 不動産の共有相続には要注意

均等に分けるために相続人間（兄弟姉妹）で不動産を共有で相続することがありますが、あまりお勧めはしません。

兄弟姉妹間で不動産を共有で相続すると、次の世代は相続人になり得ないため、揉める可能性が高くなるためです。

次の例で確認してみましょう。

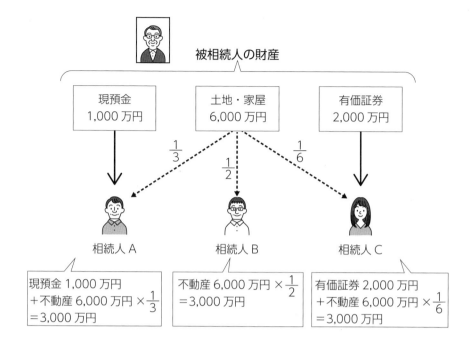

　上記のように相続人Ａ、相続人Ｂ、相続人Ｃが不動産を共有で相続した場合、平等に分割することができます。しかし相続人Ａ、Ｂ、Ｃが兄弟姉妹の場合、相続人Ａ、Ｂ、Ｃに配偶者や子がいる場合にはお互いの相続人にはなり得ません。相続人Ａに配偶者及び子供がいる場合、Ａの相続人はＡの配偶者及び子供となります。相続人Ｂ及びＣはＡの相続人にはなりません。

　そのため不動産を兄弟姉妹で共有にした場合、相続人Ａ、Ｂ、Ｃは兄弟のため揉めないかもしれませんが、相続人Ａ、Ｂ、Ｃの子はいとこ同士で一つの不動産を共有することになります。そうなると不動産の活用又は売却などについて意見が分かれ、揉める可能性が高くなります。

　そのため兄弟姉妹間での不動産の共有はなるべく控えた方が良いと考えます。

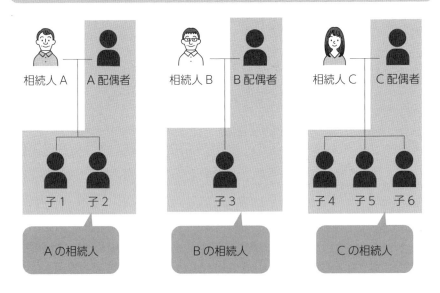

相続人A・相続人B・相続人Cが兄弟姉妹の場合

相続人A　A配偶者

子1　子2

Aの相続人

相続人B　B配偶者

子3

Bの相続人

相続人C　C配偶者

子4　子5　子6

Cの相続人

土地を共有にせず分ける方法もあります。

遺産分割が成立する前に土地を分筆し、分ける方法です。

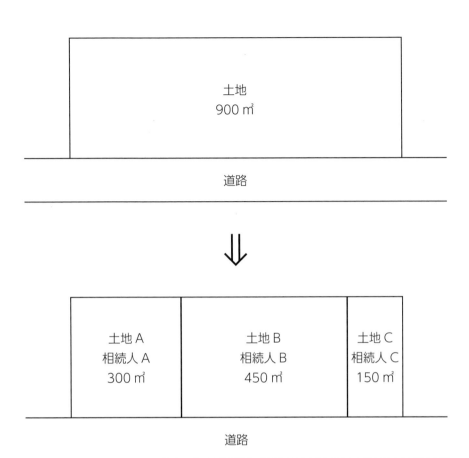

　この場合、分筆して各々土地を相続しているため共有とはならず、単有で土地A、土地B、土地Cを相続人A、相続人B、相続人Cがそれぞれ相続することになります。

代償分割とは

Q1-23

遺産分割方法の一つに代償分割がありますが、代償分割のメリット、デメリットを教えてください。

A 代償分割は、被相続人の不動産を相続人Ａが相続するため、その代償として相続人Ｂに現金を渡すという方法です。不動産を売却せずに相続人同士の公平性を保てるなどのメリットがあります。ただし相続人Ａに相続人Ｂに渡すだけの代償金がなければ代償分割は成立しないという点がデメリットとなります。

❶ 代償分割のメリットとデメリット

　代償分割とは、相続人の１人又は複数人が不動産などの現物を取得し、その代わりに他の相続人に対して代償金や代償財産を支払うことで遺産を分ける方法です。

　代償分割は、他の分割方法では相続人全員が納得できる遺産分割ができない場合などに用いられます。代償金又は代償財産を支払うことで、平等に法定相続分の割合を相続することも可能です。

　特に不動産や自社株などの遺産は相続人同士共有で相続すると売却の際に意見が分かれるなど、後々問題となる可能性があるため、代償分割により代償金を支払い単独で相続することで解決することができます。

　また、代償分割により土地を売却せずに遺産分割を行うことで、一定の要件を満たしていれば小規模宅地等の特例が適用できます。小規模宅地等の特例を適用するには、保有継続要件として相続税の申告期限まで小規模宅地等の特例の対象となる宅地等を保有していなければならないため（Q3-1 参照）、相続税の申告期限前に売却して遺産の分配を行うと、売却した土地では小規模宅地等の特例が受けられません。そのため代償分割により土地を売却せずに遺産分割を行うことで、一定の要件を満たしていれば相続税の課税価格に算入すべき価額を一定の割合減額できることとなり

ます。

　ただし、代償金又は代償財産を支払う側の相続人に渡すだけの財産が無い場合には代償分割は使えないという点がデメリットとなります。

❷ 代償分割と贈与税

　代償分割を行う場合は、代償金を支払う内容を必ず遺産分割協議書に記載しなければなりません。遺産分割協議書に記載されていることにより、支払った金銭が代償分割による代償金であると考えられます。遺産分割協議書に代償分割についての記載が無い場合には、贈与とみなして贈与税が課税される可能性があるため注意が必要です。

代償分割を行う場合の遺産分割協議書の例

遺産分割協議書

1. 次の不動産は○○○○が相続する。

        所　　在　　○○市○町○丁目
        地　　番　　○番○
        地　　目　　宅　　地
        地　　積　　○○・○○㎡

        所　　在　　○○市○町○丁目○番地○
        家屋番号　　○番○
        種　　類　　居　　宅
        構　　造　　木造スレート葺２階建
        床 面 積　　１階　○○・○○㎡
        　　　　　　２階　○○・○○㎡

2. 相続人○○○○の支払責任において、本相続の代償として相続人○○○○に金○○万円を支払う。

　代償分割は、相続により取得した遺産額の代償として代償金又は代償財産を支払うため、取得した遺産額を超えて代償金又は代償財産を渡した場

合には、その超える部分の額は贈与があったものとして贈与税の対象となります。

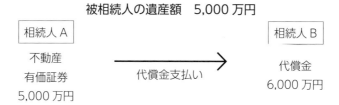

被相続人の遺産額　5,000万円

相続人A

不動産
有価証券
5,000万円

代償金支払い →

相続人B

代償金
6,000万円

被相続人の遺産額5,000万円に対して代償金6,000
万円を支払っているため、遺産額を超えた1,000万
円については相続人Bに贈与税が課税される。

Q1-24

換価分割とは

遺産分割方法の一つに換価分割がありますが、換価分割のメリット、デメリットを教えてください。

A 　換価分割は被相続人の不動産などを売却し、その売却で得た現金を相続人間で分割するため、現物分割と比べ公平に分けることができます。また、遺産を現金で相続するため、相続税などの納税資金を捻出することができます。
　ただし、売却が必要なため現物分割で相続するよりも手間がかかり、不動産を売却して現金で相続する場合には売却にかかる手数料などを支払うことになるため費用もかかります。

❶ 換価分割のメリットとデメリット

　換価分割とは、不動産などの遺産を売却し、その売却で得た現金を相続人間で分割する方法です。そのメリット・デメリットは以下の通りです。

【メリット】

- 現金にするため、法定相続分で分けるなど公平に遺産分割できる
- 不動産を売却して現金で分けるため、相続後には固定資産税などの不動産を保有することでかかる維持費がかからない
- 相続税の支払いが難しい相続人でも、換価分割ならば現金で相続するため相続税の支払いが可能となる

【デメリット】

- 売却に手間がかかる
- 不動産の売却代金が想定より安くなる可能性がある
- 売却するために費用や手数料などがかかるため、手取額が現物分割と比べて少なくなってしまう　など

また、換価分割は土地を売却することを前提にして遺産分割を行うため、小規模宅地等の特例の保有継続要件（**Q3-1** 参照）を満たさない可能性があります。相続税の申告期限前に売却して遺産の分配を行うと、売却した土地では小規模宅地等の特例が受けられません。

❷ 換価分割と贈与税

換価分割は、不動産の売却にあたって、法定相続分により共有名義で相続登記を行ってから換価する場合と、代表相続人１人の名義とする単独の相続登記をしてから換価する場合があります。

代表相続人１人の単独名義による相続登記は、例えば複数人の名義だと不動産売却の手続きが煩雑になるなどの便宜上の理由により行うことがあります。法定相続分により共有名義で相続登記している場合には贈与税の問題はありませんが、単独名義で相続登記した場合には贈与税はかかるのでしょうか。

結論として、贈与税はかかりません。

国税庁の質疑応答事例では、「共同相続人のうちの１人の名義で相続登記をしたことが、単に換価のための便宜のものであり、その代金が、分割に関する調停の内容に従って実際に分配される場合には、贈与税の課税が問題になることはありません。」と記載されています。

贈与税が課税されないためにも、遺産分割協議書には換価分割である旨を記載しなければなりません。

遺産分割協議書の記載の例

第2条　相続人全員は、前条記載不動産の全てを、互いに協力のもと、<u>売却・換</u>
　　　<u>価するものとし、</u>売却代金から売却に伴う不動産仲介手数料、残置物処理費
　　　用、測量費用、登記費用その他売却にかかる一切の諸費用を控除した残額
　　　を、前条記載の相続分の割合で取得する。

　　　　なお、不動産売却により発生する譲渡所得税については、各相続人が自己
　　　の責任と負担において、申告及び納税するものとする。

第3条　相続人全員は、被相続人○○○○名義の預貯金及び資産等を全て解約換
　　　金し、換価代金から未払金その他一切の債務を控除した残額を、法定相続分
　　　の割合で相続する。

第4条　相続人全員は、不動産売却の便宜上、相続人Ａが本件土地につき単独
　　　で相続登記を行うことを承諾する。

代償分割及び換価分割した場合の譲渡所得税

Q1-25

代償分割により不動産を売却した場合と換価分割により不動産を売却した場合とで、譲渡所得税がどのように変わるのか教えてください。

A

不動産を売却した場合の譲渡所得税は、代償分割又は換価分割のどちらをするのかによって税額が異なる場合があります。

　代償分割は、相続人の１人又は複数人が不動産などの現物を取得し、その代わりに他の相続人に対し代償金や代償財産を支払うことで遺産を分ける方法のため、不動産を相続した相続人が不動産を売却した際、不動産を相続した相続人に譲渡所得税が課税されます。

事例 ❶

　被相続人：父（長男と同居）

　相 続 人：長男、二男

　遺　　産：居住用不動産 2,000 万円、預貯金 400 万円

　譲渡区分：長期譲渡

　所有期間：8 年

　遺産分割：代償分割により長男が居住用不動産及び預貯金を相続し、二男
　　　　　　に代償金として 1,200 万円を支払う。

　代償金の支払方法：長男は居住用不動産を売却して代償金を支払う。

● 居住用不動産の譲渡所得税

　長男　2,000 万円（売却代金）

　　　－（2,000 万円×5%（概算取得費（下記参照）））

　　　－3,000 万円（特別控除（下記参照））＝0（課税所得金額）

　長男は取得費及び控除額が売却代金を超えているため、譲渡所得税はかかりません。

また二男は代償金を受け取っただけで不動産を売却していないため、譲渡所得税の納税義務はありません。

用語カイセツ ▶ 概算取得費

個人が土地や建物などの不動産を売却し所得が出る場合には譲渡所得税が課税されます。譲渡所得税は、売却金額から、その売却した土地や建物の取得費及び土地を売却するためにかかった費用（譲渡費用）を差し引いた譲渡所得に課税されます。

ただし、その売却した土地や建物の購入代金がわからない場合には売却代金の5％相当額を取得費とすることができ、これを概算取得費といいます。購入した時期が古く取得費が売却代金の5％相当額を下回る場合も、概算取得費を取得費とすることができます。

用語カイセツ ▶ 居住用財産の3,000万円特別控除

個人が不動産を売却して所得が生じる場合には譲渡所得税が課税されます。居住用財産の3,000万円特別控除とは、不動産を売却した時に生じる譲渡所得税を軽減させる制度です（正式には「居住用財産を譲渡した場合の3,000万円の特別控除の特例」といいます）。居住用財産を売却した場合には、最大で3,000万円まで譲渡所得から控除することができます。

居住用財産の3,000万円特別控除は、売却する不動産が居住用のマイホームでなければなりません。そのため、贈与を受けた土地や別荘などマイホームでない不動産の売却では適用することはできません。

一方、換価分割は、不動産などの遺産を売却し、その売却で得た現金を相続人間で分割する方法です。そのため、換価分割により不動産を相続した相続人全員に譲渡所得税が課税されます。

被相続人：父（長男と同居）

相 続 人：長男、二男

遺　　産：居住用不動産 2,000 万円、預貯金 400 万円

譲渡区分：長期譲渡

所有期間：8 年

遺産分割：換価分割により居住用不動産を法定相続分で相続した。

● 居住用不動産の譲渡所得税等

長男　2,000 万円（売却代金）$\times \dfrac{1}{2}$

　　　$-$（2,000 万円×5%（概算取得費））$\times \dfrac{1}{2}$

　　　$-$3,000 万円（特別控除）

　　　$=0$（取得費及び控除額が売却代金を超えているため譲渡所得税はかかりません。）

二男　2,000 万円（売却代金）$\times \dfrac{1}{2}$

　　　$-$（2,000 万円×5%（概算取得費））$\times \dfrac{1}{2}$

　　　$=950$ 万円（課税所得金額）

譲渡所得税　950 万円×15%＝142 万 5,000 円

復興特別所得税　142 万 5000 円×2.1%＝29,925 円

住民税　950 万円×5%＝47 万 5,000 円

142 万 5,000 円＋29,900 円（百円未満切捨）＋47 万 5,000 円
＝192 万 9,900 円

（注）所得控除は考慮していません（所得控除とは、所得税を計算する際に所得から差し引くことができる控除です）。

　事例①と**事例②**は同じ数字ですが、代償分割か換価分割かにより、譲渡

所得税の金額が大きく異なります。

　事例①と**事例②**とでは、換価分割の場合は二男に譲渡所得税がかかるため、代償分割のほうが得となります。

事例 ❸

被相続人：父（長男、二男、三男と同居）

相 続 人：長男、二男、三男

遺　　産：居住用不動産 9,000 万円、預貯金 600 万円

譲渡区分：長期譲渡

所有期間：8 年

遺産分割：代償分割により居住用不動産及び預貯金を長男が相続し、代償
　　　　　金を二男、三男に 3,200 万円ずつ支払う。

代償金の支払方法：長男は居住用不動産を売却して代償金を支払う。

●居住用不動産の譲渡所得税等
　長男　9,000 万円（売却代金）−（9,000 万円×5%（概算取得費））
　　　　−3,000 万円（特別控除）＝5,550 万円（課税所得金額）

　譲渡所得税　5,550 万円×15%＝832 万 5,000 円
　復興特別所得税　832 万 5,000 円×2.1%＝174,825 円
　住民税　5,550 万円×5%＝277 万 5,000 円

832 万 5,000 円＋174,800 円（百円未満切捨）＋277 万 5,000 円
＝11,274,800 円
　（注）所得控除は考慮していません。

　事例❸では、二男及び三男は代償金を受け取っただけで不動産を売却していないため、譲渡所得税の納税義務はありません。

被相続人：父（長男、二男、三男と同居）

相 続 人：長男、二男、三男

遺　　産：居住用不動産 9,000 万円、預貯金 600 万円

譲渡区分：長期譲渡

所有期間：8 年

遺産分割：換価分割により居住用不動産を法定相続分で相続した。

● 居住用不動産の譲渡所得税等

　長男　9,000 万円（売却代金）$\times \dfrac{1}{3}$

　　　－（9,000 万円×5％（概算取得費））$\times \dfrac{1}{3}$

　　　－3,000 万円（特別控除）

　　　＝0（取得費及び控除額が売却代金を超えているため譲渡所得税
　　　　はかかりません。）

　二男　9,000 万円（売却代金）$\times \dfrac{1}{3}$

　　　－（9,000 万円×5％（概算取得費））$\times \dfrac{1}{3}$

　　　－3,000 万円（特別控除）

　　　＝0（取得費及び控除額が売却代金を超えているため譲渡所得税
　　　　はかかりません。）

　三男　9,000 万円（売却代金）$\times \dfrac{1}{3}$

　　　－（9,000 万円×5％（概算取得費））$\times \dfrac{1}{3}$

　　　－3,000 万円（特別控除）

　　　＝0（取得費及び控除額が売却代金を超えているため譲渡所得税
　　　　はかかりません。）

事例③と**事例④**は同じ数字ですが、譲渡所得税の金額が大きく異なります。

　事例③と**事例④**では、長男のほか二男、三男も売却する不動産に居住しているため、居住用財産の特別控除を受けることができます。そのため代償分割より換価分割の方が得となります。

　このように事例によって代償分割で分割した方が良いか、換価分割で分割した方が良いかは異なります。

　そのため遺産分割の際には、相続税のことだけでなく売却後の譲渡所得税のことも考慮に入れて分割方法を検討する必要があります。

Q1-26 死亡保険金と代償分割

長男が死亡保険金 1 億円を受け取り、相続人である長女に死亡保険金を受け取った代償金として 5,000 万円を支払いました。この場合の税金について教えてください。

A 長男が相続財産を取得しており、長女に支払う代償金の金額を超えて長男が相続財産を取得している場合には長女に贈与税は課税されません。相続税が課税される場合には相続税のみ課税となります。

ただし、長男が死亡保険金のみを受け取り相続財産を取得していない場合や、長女に対し、長男が取得した相続財産以上に代償金を支払っている場合には、長女に贈与税が課税されます。

Q1-14 でも記載したように、死亡保険金は保険契約に基づき受取人が受け取るものであるため、相続財産ではなく受取人固有の財産と考えられています。そのため死亡保険金は遺産分割の対象とはならず、原則として遺産分割協議は不要となります。この場合、保険契約で定められた受取人が保険金を受け取ることになります。

死亡保険金を受け取った相続人が代償分割の代償金を他の相続人に支払った場合には、受け取った人に贈与税が課税される場合があります。

ただし、死亡保険金を受け取った相続人が相続財産を取得しており、その代償金の金額が取得した相続財産より少ない場合には贈与税は課税されません。

これは、取得した遺産額を超えて代償金を渡した場合には、その超える部分の額は贈与があったものとして贈与税の対象となりますが、代償金の金額が取得した遺産額の範囲内であれば贈与税は課税されないためです。

事例 ❶

被相続人：父

相　続　人：長男、二男、三男

遺　　　産：居住用不動産 3,000 万円、預貯金 1,000 万円

死亡保険金：5,000 万円（受取人二男）

遺産分割：居住用不動産は長男、預貯金は三男

代償金の支払方法：死亡保険金を受け取った二男から三男へ 2,000 万円
　　　　　　　　　の代償金を支払う。

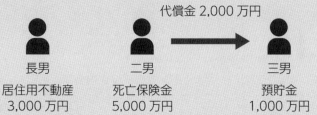

代償金 2,000 万円

長男　　　　　　二男　　　　　　　三男

居住用不動産　　死亡保険金　　　　預貯金
3,000 万円　　　5,000 万円　　　　1,000 万円

　この**事例①**の場合、二男から三男へ支払われた代償金については三男に贈与税が課税されます。この場合、二男は死亡保険金を受け取っていますが、相続財産は取得していません。相続財産を取得していない二男が三男に支払った 2,000 万円は、相続財産を取得したことによる代償金とは考えられないため、贈与税が課税されます。

事例 ❷

被相続人：父

相　続　人：長男、二男、三男

遺　　　産：居住用不動産 6,000 万円、預貯金 1,000 万円

死亡保険金：2,000 万円（受取人長男）

遺産分割：居住用不動産は長男、預貯金は二男

代償金の支払方法：長男から二男へ 2,000 万円、長男から三男へ 3,000
　　　　　　　　　万円の代償金を支払う。

この**事例②**の場合、長男は相続財産を取得しています。また支払った代償金の金額が取得した相続財産の額を超えていないため、贈与税は課税されません。

事例❸

被相続人：父
相　続　人：長男、二男、三男
遺　　　産：居住用不動産 3,000 万円、預貯金 1,000 万円
死亡保険金：5,000 万円（受取人長男）
遺産分割：居住用不動産は長男、預貯金は二男
代償金の支払方法：二男から三男へ 3,000 万円の代償金を支払う。

　この**事例❸**の場合、二男は相続財産を取得しています。しかし、支払った代償金の金額が取得した相続財産の額（預貯金 1,000 万円）を超えているため、代償金 3,000 万円から取得した相続財産 1,000 万円を引いた 2,000 万円に贈与税が課税されます。

相続開始から 10 年経過後の遺産分割

Q1-27　10 年以上前に亡くなった被相続人の遺産分割が未了状態です。民法改正で遺産分割の規定が見直されたと聞きましたが、どのように改正されたのでしょうか。

A　相続開始から 10 年経過しても未分割の場合には、原則として相続人等の特別受益や寄与分は考慮せずに法定相続分又は指定相続分で遺産分割を行うことになりました。

　以前は、遺産分割に期間の制限はなく、被相続人から生前贈与を受けた特別受益がある場合や、被相続人の介護等を行った寄与分のある相続人がいる場合、法定相続分や遺言による指定相続分を基にして、特別受益や寄与分を反映して相続分を算出していました。

　令和 3 年 4 月 21 日に成立した民法改正により、相続開始から 10 年が経過したときは、原則として相続人等の特別受益や寄与分は考慮せずに法定相続分又は指定相続分で遺産分割を行うこととなりました（令和 5 年 4 月 1 日施行）。これにより、円滑に遺産分割が行われる効果が期待されます。

　民法改正とあわせて不動産登記法も改正されたことにより、相続登記が義務化され、3 年の期間制限が設けられました（相続登記の義務化については Q1-30 を参照）。

不動産登記とは

Q1-28

不動産の登記とは何ですか。

A 　不動産登記とは、土地や建物などの不動産が今どのような状況なのか、誰が所有者なのか、この不動産を担保にしてどこからいくら借り入れがあるか、などの情報を登記簿に記載することです。

　不動産登記した内容は一般に公開されていて、所有者以外の人も閲覧することができます。

　不動産登記によって、その不動産の権利関係などの状況がどうなっているのかを明らかにできるので、第三者に対し権利を主張することが可能になります。

　不動産の所有者、所在地、面積、不動産の用途、登記された時期など、その不動産のさまざまな情報が記載されています。

相続登記とは

Q1-29

相続登記とは何ですか。

A 　相続登記とは、相続により不動産を取得した場合に、相続する不動産の名義を変更する手続きのことです。

　相続登記は、亡くなった人の名義で登記されていた不動産を相続した人の名義に変更する「所有権移転登記」を行うことです。これにより、その不動産の所有者であることが証明できることになります。相続後に、その不動産を売却したり、活用したりする際には、相続登記が済んでいることが必要となります。

相続登記の義務化

Q1-30 法律の改正により相続登記が義務化されると聞きましたが、どのような改正がされるのですか。

A 相続登記の申請に期限が設けられ、正当な理由のない申請漏れには過料の罰則を受けることになります。

　これまで相続が発生しても相続登記が義務ではなかったため、土地の価値が低いことや手続きにお金がかかること、手続きが面倒といった理由により、相続登記をせずにそのままにしている事例が多くありました。

　このまま相続登記をせずにそのままにしておくと、土地の所有者が誰なのかがわからなくなります。

　このような「所有者不明土地」が多く発生していることが問題となっています。所有者不明土地とは、①不動産登記簿により所有者が直ちに判明しない土地　②所有者が判明しても、その所在が不明で連絡が付かない土地のことをいいます（法務省民事局　令和6年1月「民法等一部改正法・相続土地国庫帰属法の概要」）。

　今後、高齢化の進展による死亡者数の増加などにより、所有者不明土地問題はますます深刻化するおそれがあります。そこで令和6年4月1日より相続登記の申請を義務化することになりました。

　今後、相続が発生した際には、相続や遺贈により不動産の所有権を取得した者は、その不動産を取得したことを知った日から3年以内に相続登記をしなければなりません。

　遺産分割がまとまらないなどの正当な理由がなく相続登記の申請が漏れた場合には、10万円以下の過料が課される可能性があります。

相続土地国庫帰属制度とは

Q1-31　相続土地国庫帰属制度とは何ですか。

> **A**　「土地を相続したけれど、遠くにあるため管理が難しい」「相続した土地に利用価値が無いため売却したくても売却できず、管理や手間で負担がかかる」といった場合に、国がその土地を引き取ってくれる制度です。

❶ 相続土地国庫帰属制度の概要

　近年、利用価値の無い土地を処分したくても処分のできないことにより困り果てた高齢者が、悪徳業者に騙され高額な金額を請求されたり、別の利用価値の無い土地を購入させられたりといったトラブルが多く発生しています。

　親が当該土地のことでトラブルにあっていたことを知っている相続人が、当該土地を相続したくないと考え、相続登記を行わないといったことが生じ、問題となっていました。このような相続登記がされない所有者不明な土地を無くすために、**Q1-30** に記載した通り相続登記が義務化されました。

　しかし、相続登記を義務化したとしても、利用価値の無い土地を相続人が相続したくないという問題は解決していません。そこで、相続人が相続した処分に困っている土地を国に引き取ってもらう「相続土地国庫帰属制度」ができました。

　相続土地国庫帰属制度は令和5年4月27日から開始しています。制度開始前に相続等によって取得した土地もこの制度の対象となります。

❷ 相続土地国庫帰属制度の申請ができる人

　相続又は相続人に対する遺贈によって土地を取得した人が申請可能とな

ります。売買などにより購入した土地など、相続等以外の原因により自ら土地を取得した場合や、相続等により土地を取得することができない法人は、基本的に本制度を利用することはできません。

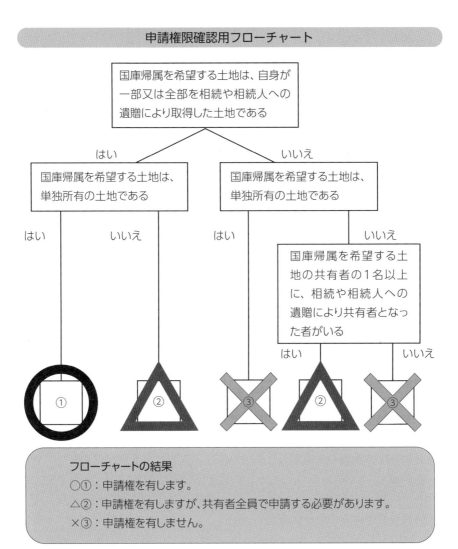

申請権限確認用フローチャート

国庫帰属を希望する土地は、自身が一部又は全部を相続や相続人への遺贈により取得した土地である

はい　　　　　　　　いいえ

国庫帰属を希望する土地は、単独所有の土地である

国庫帰属を希望する土地は、単独所有の土地である

はい　　　　いいえ　　　　はい　　　　　　　　いいえ

国庫帰属を希望する土地の共有者の1名以上に、相続や相続人への遺贈により共有者となった者がいる

はい　　　　　　　　いいえ

① ② ③ ② ③

フローチャートの結果
○①：申請権を有します。
△②：申請権を有しますが、共有者全員で申請する必要があります。
×③：申請権を有しません。

(注) 法務省「相続土地国庫帰属制度のご案内」(令和5年4月版)をもとに作成

❸ 帰属できない土地

どんな土地でも本制度により国に帰属できるわけではありません。以下のような土地は本制度を利用して帰属することはできません。

1. 建物が建っている土地
2. 担保権などの権利が設定されている土地
3. 通路など他人による使用が予定される土地で(1)～(4)が含まれる土地
   (1) 現に通路として利用されている土地
   (2) 墓地内の土地
   (3) 境内地
   (4) 現に水道用地・用悪水路・ため池として利用されている土地
4. 特定有害物質により汚染されている土地
5. 境界が明らかでない土地や土地の所有権などについて争いがある土地

❹ 帰属の承認ができない土地

❸とは違い申請はできるが、審査の段階で該当すると判断された場合に不承認となる土地は以下の通りです。

1. 崖（勾配が30度以上であり、かつ、高さが5m以上のもの）がある土地のうち、通常の管理費や労力以上の管理費や労力がかかる土地
2. 土地の通常の管理又は処分を阻害する、工作物や放置車両又は樹木などがある土地
3. 産業廃棄物などが土地の下に埋まっており、除去しなければ土地の通常の管理又は処分をすることができない土地
4. 隣接する土地の所有者等との争いが解決しないと管理・処分ができない土地
5. そのほか、通常の管理又は処分をするのに通常の管理費や労力以上の管理費や労力がかかる以下の土地
   (1) 災害の危険により、土地や土地周辺の人、財産に被害を生じさせるおそれを防止するため、措置が必要な土地
   (2) 土地に生息する動物により、土地や土地周辺の人、農産物、樹木に被害を生じさせる土地

(3) 適切な造林・間伐・保育が実施されておらず、国による整備が必要な森林

(4) 国庫に帰属した後、国が管理に要する費用以外の金銭債務を法令の規定に基づき負担する土地

(5) 国庫に帰属したことに伴い、法令の規定に基づき承認申請者の金銭債務を国が承継する土地

❸帰属できない土地、❹帰属の承認ができない土地について、虚偽の申請や、不正に承認を受けたことが後に判明した場合は、その承認は取り消されます。不正に承認を受けたことが後に判明した場合には、納付した負担金も還付されません。

❺ 国庫帰属までの流れ

相続土地国庫帰属制度を利用する場合には、次ページの流れで当該土地が国庫帰属されることになります。

❻ 審査手数料

審査手数料は、土地一筆当たり 14,000 円です。申請時に、申請書に審査手数料の額に相当する額の収入印紙を貼って納付します。手数料の納付後に申請を取り下げた場合や、審査の結果、却下・不承認となった場合でも手数料は返還されません。

❼ 負担金

負担金は、土地の標準的な管理費用を考慮して算出した、10 年分の土地管理費相当額となります。負担金は、「宅地」「農地」「森林」「その他」の４種類に区分され、この区分に応じて納付金額が決定します。申請があった土地は、申請者から提出された書面の審査や関係機関からの資料収集などによって、どの区分に当てはまるか判断されます。負担金の基準となる面積負担金の計算に用いる地積は、登記記録上の地積を基準とします。

国庫帰属までの流れ

1. 事前相談
　対面又は電話での相談は、予約制により、具体的な相談を受け付けます。
　まずは所在する土地を管轄する法務局（本局）で相談の予約をお取りください。国に引き渡したい土地が遠方にある場合、お近くの法務局（本局）にも相談が可能です。

2. 申請書の作成・提出
　審査手数料分の収入印紙を貼り付けた申請書を作成し、所在する土地を管轄する法務局の本局の窓口に提出します。（提出前に法務局へ連絡をお願いします。）郵送での申請も可能です。

承認申請があった土地について、国や地方公共団体等に土地の利活用の希望を確認します。

3. 要件審査
　法務大臣（法務局）において、提出された書面を審査し、申請された土地に出向いて実地調査を行います。案内がないと申請された土地にたどり着けないなどの事情がある場合は、申請者（又は申請者が指定する者）に同行をお願いする場合があります。

審査期間は、約半年から1年程度が想定されています。

4. 承認・負担金の納付
　審査を踏まえ、帰属の承認・不承認の判断の結果について、申請者に通知を送付します。帰属が承認された場合、申請者は、通知に記載されている負担金額を期限内（負担金の通知が到達した翌日から30日以内）に日本銀行へ納付します。

5. 国庫帰属
　申請者が負担金を納付した時点で、土地の所有権が国に移転します。
　所有権移転登記は国において実施します。（住所変更登記や相続登記がされていない場合、国が代位登記を行います。）
　国庫に帰属した土地は、国が管理・処分します。

（注）法務省「相続土地国庫帰属制度のご案内」（令和5年4月版）をもとに作成

負担金は、国庫金を扱う金融機関へ納付することになります。

具体的な負担金の算出方法は以下の通りです（法務省「相続土地国庫帰属制度のご案内」（令和5年4月版）に基づく）。

1　申請土地が「宅地」の場合

〈原則〉20万円（面積にかかわらない）

〈例外〉宅地のうち、都市計画法の市街化区域又は用途地域が指定されている地域内の土地は、以下の面積区分に応じた算定となります。

面積区分	負担金額	例
50㎡以下	国庫帰属地の面積に4,070（円／㎡）を乗じ、208,000円を加えた額	50㎡→411,000円
50㎡超 100㎡以下	国庫帰属地の面積に2,720（円／㎡）を乗じ、276,000円を加えた額	100㎡→548,000円
100㎡超 200㎡以下	国庫帰属地の面積に2,450（円／㎡）を乗じ、303,000円を加えた額	200㎡→793,000円
200㎡超 400㎡以下	国庫帰属地の面積に2,250（円／㎡）を乗じ、343,000円を加えた額	400㎡→1,243,000円
400㎡超 800㎡以下	国庫帰属地の面積に2,110（円／㎡）を乗じ、399,000円を加えた額	800㎡→2,087,000円
800㎡超	国庫帰属地の面積に2,010（円／㎡）を乗じ、479,000円を加えた額	1,000㎡→2,489,000円

（注）1,000円未満の端数金額については切り捨て

2　申請土地が「田・畑」の場合

〈原則〉20万円（面積にかかわらない）

〈例外〉主に農用地として利用されている土地のうち、都市計画法の市街化区域又は用途地域が指定されている地域内の農地など一定の農地は、以下の面積区分に応じた算定となります。

面積区分	負担金額	例
250㎡以下	国庫帰属地の面積に1,210（円／㎡）を乗じ、208,000円を加えた額	250㎡→510,000円
250㎡超 500㎡以下	国庫帰属地の面積に850（円／㎡）を乗じ、298,000円を加えた額	500㎡→723,000円

500㎡超 1,000㎡以下	国庫帰属地の面積に 810（円／㎡）を乗じ、318,000 円を加えた額	1,000㎡→1,128,000 円
1,000㎡超 2,000㎡以下	国庫帰属地の面積に 740（円／㎡）を乗じ、388,000 円を加えた額	2,000㎡→1,868,000 円
2,000㎡超 4,000㎡以下	国庫帰属地の面積に 650（円／㎡）を乗じ、568,000 円を加えた額	4,000㎡→3,168,000 円
4,000㎡超	国庫帰属地の面積に 640（円／㎡）を乗じ、608,000 円を加えた額	5,000㎡→3,808,000 円

（注）1,000 円未満の端数金額については切り捨て

3 申請土地が「森林」の場合

以下の面積区分に応じた算定となります。

面積区分	負担金額	例
750㎡以下	国庫帰属地の面積に 59（円／㎡）を乗じ、210,000 円を加えた額	750㎡→254,000 円
750㎡超 1,500㎡以下	国庫帰属地の面積に 24（円／㎡）を乗じ、237,000 円を加えた額	1,500㎡→273,000 円
1,500㎡超 3,000㎡以下	国庫帰属地の面積に 17（円／㎡）を乗じ、248,000 円を加えた額	3,000㎡→299,000 円
3,000㎡超 6,000㎡以下	国庫帰属地の面積に 12（円／㎡）を乗じ、263,000 円を加えた額	6,000㎡→335,000 円
6,000㎡超 12,000㎡以下	国庫帰属地の面積に 8（円／㎡）を乗じ、287,000 円を加えた額	12,000㎡→383,000 円
12,000㎡超	国庫帰属地の面積に 6（円／㎡）を乗じ、311,000 円を加えた額	50,000㎡→611,000 円

（注）1,000 円未満の端数金額については切り捨て

4 申請土地が「その他」（雑種地、原野等）の土地の場合

20 万円（面積にかかわらない）

遺言書とは
遺言書とは何ですか。

A　遺言書とは、被相続人が生前に自分の死後、遺産を どのように分割するかの意思を記したものです。
　遺言者の最後の意思を尊重するため、遺言書がある 場合には、原則として遺言書の内容が法定相続分より も優先されることになっています。

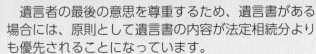

❶ 遺言書とは

　遺言書は、被相続人の意思を尊重するために作成されるものであるため、民法で定められている法定相続分と異なる相続分を指定したり、具体的な遺産の分割方法を指定したりすることが可能です。

　遺産分割協議は相続人間でしか協議できないため、相続人以外の人が被相続人の遺産を相続することはできませんが、遺言書では被相続人の意思が尊重されるため、遺言書に相続人以外の第三者に遺産を遺贈する旨の記載があれば、相続人以外の第三者に遺贈することも可能です。

　また、遺言では推定相続人に対して廃除の意思表示をすることもできます。廃除とは、推定相続人から虐待などを受けている場合に、家庭裁判所の審判により相続人から除外することです（**Q1-18** 参照）。

　加えて、事情により生前に認知できなかった子を遺言により認知することもできます。

❷ 遺言執行者とは

　相続が開始したら遺言の執行を行います。遺言を執行する者のことを遺言執行者といいます。

　遺言執行者は、金融機関での預金の解約手続き、法務局での不動産名義変更手続きなどを行い、遺言の内容を実現するために必要な一切の行為をする権利義務を有することになります。そのため遺言執行者は相続人の同意がなくても手続きが可能となります。

　遺言執行者は必ずしも必要ではありませんが、遺言執行者がいたほうがよい場合もあります。

　例えば、相続人以外に不動産の遺贈登記を行う場合です。遺贈登記をするためには、相続人か遺言執行者のいずれかの協力が必要となります。

　相続人以外への遺贈による登記では、相続人全員が登記義務者となるため相続人全員で名義変更手続きをしなければなりませんが、遺言執行者が選任されていれば、遺言執行者だけが登記義務者となります。そのため、相続人の一人が遺言による相続登記に協力しないことにより相続手続きが進まないといったこともなく、遺言執行者を選任されていることで相続手続きが円滑に進みます。

　また、遺言執行者がいない場合は、金融機関の名義変更等で相続人全員の署名、押印が必要になる場合が多く、手続きが煩雑になることがあります。遺言執行者がいればこうした手続きを任せることが可能です。

　なお、以下のような場合は遺言執行者が必ず必要となります。

- 遺言により子が認知された場合
- 遺言により推定相続人が廃除された場合又は推定相続人の廃除が取り消された場合

❸ 遺言執行者を選任する方法

　遺言執行者を選任する方法は2つあります。

① 遺言書に遺言執行者が記載されている場合

　遺言を作成する際に、遺言執行者を決めて遺言書に記載する方法です。この場合、遺言執行者が遺言書により選任されていることになりますので、家庭裁判所に遺言執行者の申立ての手続きは不要となります。

② 家庭裁判所へ選任の申立てをする場合

　遺言書に遺言執行者の記載がない場合には、遺言執行者は選任されていないことになります。遺言書に遺言執行者の記載がなくても遺言執行者の選任が必要であると判断した場合には、相続人は家庭裁判所に遺言執行者の選任の申立てをすることで遺言執行者を選任することができます。

　遺言執行者は相続人のみならず弁護士や司法書士などの専門家など、誰でもなることが可能です。ただし未成年者や破産者は遺言執行者になることはできません。

　遺言執行者の申立ては利害関係人（相続人や受遺者など）が行うことができます。

〈参考〉　申立ての必要書類
(1)　申立書
(2)　遺言者の死亡が記載されている戸籍謄本
(3)　遺言執行者の候補となる人の住民票又は戸籍附票
(4)　遺言書のコピー又は遺言書の検認調書謄本のコピー
(5)　遺言者との利害関係を証する資料

申立書

<table>
<tr><td colspan="2" rowspan="3">受付印</td><td colspan="2">家 事 審 判 申 立 書　事件名（　　　　　　　　）</td></tr>
<tr><td colspan="2">（この欄に申立手数料として1件について800円分の収入印紙を貼ってください。）</td></tr>
<tr><td colspan="2"></td></tr>
</table>

収　入　印　紙　　　　　円	（貼った印紙に押印しないでください。）
予納郵便切手　　　　　円	（注意）登記手数料としての収入印紙を納付する場合は，登記手数料として
予納収入印紙　　　　　円	の収入印紙は貼らずにそのまま提出してください。

準口頭	関連事件番号　平成・令和　　　年（家　　　）第　　　　　　　　　　号

	家 庭 裁 判 所　　　　　　御中	申　　立　　人	
令和　　　年　　月　　日		（又は法定代理人など）の 記 名 押 印	印

添付書類	（審理のために必要な場合は，追加書類の提出をお願いすることがあります。）

	本　　籍 (国　　籍)	（戸籍の添付が必要とされていない申立ての場合は，記入する必要はありません。）　　都　道 　　府　県
申 立 人	住　　所	〒　　－　　　　　　　　　　　　電話　　　（　　　） 　　　　　　　（　　　　　　方）
	連　絡　先	〒　　－　　　　　　　　　　　　電話　　　（　　　） 　　　　　　　　　　　　　　　　　　　　（　　　　　方）
	フリガナ 氏　　名	昭和 平成　　年　　月　　日生 令和（　　　　　　歳）
	職　　業	
※	本　　籍 (国　　籍)	（戸籍の添付が必要とされていない申立ての場合は，記入する必要はありません。）　　都　道 　　府　県
	住　　所	〒　　－　　　　　　　　　　　　電話　　　（　　　） 　　　　　　　　　　　　　　　　　　　　（　　　　　方）
	連　絡　先	〒　　－　　　　　　　　　　　　電話　　　（　　　） 　　　　　　　　　　　　　　　　　　　　（　　　　　方）
	フリガナ 氏　　名	昭和 平成　　年　　月　　日生 令和（　　　　　　歳）
	職　　業	

(注)　太枠の中だけ記入してください。
※の部分は，申立人，法定代理人，成年被後見人となるべき者，不在者，共同相続人，被相続人等の区別を記入してください。

別表第一（1/　　）

```
┌─────────────────────────────────────────────┐
│           申 立 て の 趣 旨                    │
├─────────────────────────────────────────────┤
│                                               │
│                                               │
│                                               │
│                                               │
└─────────────────────────────────────────────┘

┌─────────────────────────────────────────────┐
│           申 立 て の 理 由                    │
├─────────────────────────────────────────────┤
│                                               │
│                                               │
│                                               │
│                                               │
│                                               │
│                                               │
│                                               │
│                                               │
│                                               │
│                                               │
│                                               │
│                                               │
│                                               │
│                                               │
│                                               │
│              別表第一（  /  ）                 │
└─────────────────────────────────────────────┘
```

（出典）裁判所ホームページ

遺言書の種類

Q1-33 遺言書にはどのような種類がありますか。

 A 遺言書には、自筆証書遺言、公正証書遺言、秘密証書遺言の3つの遺言方法があります。

❶ 自筆証書遺言

　自筆証書遺言とは、自分で紙に記載する遺言書のことで、公正証書遺言や秘密証書遺言に比べて簡単に作成できて費用もかからないことがメリットです。そのため、3つの遺言方法の中で一番多く利用されている遺言方法となります。 ただし、自筆であるため書き間違えなどにより遺言書として無効になることもあるので注意が必要です。

【自筆証書遺言の特徴】

● 証人が不要なため、遺言書の内容について一切秘密にすることができます（公正証書遺言では証人に内容が知られてしまいます。秘密証書遺言では内容は知られませんが、証人に遺言書があることは知られてしまいます）。

● 民法968条1項では、「自筆証書によって遺言をするには、遺言者が、その全文、日付及び氏名を自書し、これに印を押さなければならない。」とされており、遺言書の全文、日付及び氏名は自書しなければなりませんでした。しかし民法が改正され（平成31年1月13日施行）、遺言書に財産目録等を添付する場合において、その財産目録等は自書しなくてもよい（パソコン等で作成してもよい）こととされました（民法968条2項）。これは、高齢者にとっては全てを自書するのはかなりの労力になると考えられたためです。

　ただし、パソコン等で作成した財産目録等には全てのページに署名押

印をする必要があります。

　また、遺言の内容に変更がある場合には、変更した旨を付記して署名し、変更箇所に訂正印を押す必要があります。

● 自筆証書遺言は、相続開始とともに家庭裁判所の検認※が必要です。しかし、令和2年7月10日より、法務局に遺言書の保管（下記参照）を申請した場合には家庭裁判所の検認※が不要となりました。これにより速やかに相続手続きが可能となりました。

　※　相続人に対し遺言の存在と内容を知らせると同時に、検認の日時点での遺言書の内容や形状を明確にし、偽造等を防止するための手続きのこと。

● これまでは、自筆証書遺言の場合遺言者本人が保管していたため紛失する可能性がありましたが、「法務局における遺言書の保管等に関する法律」（令和2年7月10日施行）ができたことで、法務局で遺言書の保管が可能になりました。これにより紛失することが無くなります。また、遺言者本人が自宅に遺言書を保管していた場合、遺言書を他人に発見され開封されてしまうおそれがありましたが、こうしたリスクも無くなりました。

❷ 公正証書遺言

　公正証書遺言とは、遺言者が公証人へ遺言の内容を伝え、公証人が遺言書を作成するものです。遺言書の原本は公証役場で管理するため、遺言書を誰かに隠されたりすることもありません。また、この遺言書を作成するときには、公証人への手数料と、証人2名、証人を専門家などに依頼した場合には証人への手数料が必要となります。

【公正証書遺言の特徴】

● 遺言者が喋ることが困難な場合、筆談によって作成することも可能です。

● 自筆証書遺言では、書き間違いなどにより遺言書として無効になること

もありますが、公正証書遺言は公証人が遺言書の作成にかかわるため、細かいミスを防ぎ法的に有効な遺言書を作ることができます。

● 偽造の心配がありません。自筆証書遺言では偽造が疑われる場合があり、偽造が疑われた場合には筆跡などから判断しなければなりませんが、公正証書遺言では公証人が作成するため偽造が疑われることはありません。

● 自筆証書遺言では相続手続きをする際に原則として家庭裁判所の検認が必要となりますが、公正証書遺言では検認は不要となります。

❸ 秘密証書遺言

　秘密証書遺言とは、遺言者が遺言内容を誰にも知られたくない場合に使われます。秘密証書遺言は、自筆証書遺言と同じく、自分で遺言書を作成することになります。他人に代わりに書いてもらったものでもよく、パソコン等で作成することも可能です（署名押印は本人が行う必要があります）。そのため、自筆証書遺言と同じく遺言書として無効になる可能性もあります。

　遺言書を作成し、公正役場で公証人に遺言書を渡す必要があります。証人２名が立ち会い、遺言書が自分の遺言書であること、遺言者の住所、氏名を確認します。

　公正証書遺言と同じく、公証人への手数料と、証人２名、証人を専門家などに依頼した場合には証人への手数料が必要となります。

【秘密証書遺言の特徴】

● 公正証書遺言と異なり、公正役場で保管はせず、遺言者自身で保管します。そのため紛失の可能性があります。

● 公正証書遺言は、公証人などが遺言書の内容を確認することはありません。そのため、遺言執行されるまで他人に遺言の内容を知られません。

● 自筆証書遺言では、誰にも遺言書の存在を伝えていないと遺言の存在に

気づかれない場合もありますが、秘密証書遺言では、証人に署名してもらうため、遺言書の存在を把握しておいてもらうことができます。

	自筆証書遺言	公正証書遺言	秘密証書遺言
遺言書作成方法	遺言の本文・氏名・日付を自書し、押印する（財産目録はパソコン等で作成可）	遺言者と証人2名で公証役場へ行き、本人が遺言内容を口述し、公証人が記述する	本人が証書に署名・押印した後、封筒に入れ封印して公証役場で証明してもらう
証人	不要	証人2名	公証人1名・証人2名
家庭裁判所の検認	必要（自筆証書遺言書保管制度を利用している場合は不要）	不要	必要
遺言書の開封	封印のある遺言書は、家庭裁判所において相続人等の立会いのもと開封しなければならない	開封手続きは不要	必ず家庭裁判所において相続人等の立会いのもと開封しなければならない
メリット	●作成が簡単かつ安価 ●遺言内容を秘密にできる	●保管不要 ●遺言の存在と内容を明確にできる ●検認手続き不要	●遺言の存在を明確にできる ●遺言内容を秘密にできる
デメリット	●自筆証書遺言書保管制度を利用していない場合、検認手続きが必要 ●紛失のおそれがある ●要件不備による紛争が起こりやすい	●遺言内容が漏れる可能性がある ●遺産が多い場合は費用がかかる	●検認手続きが必要 ●要件不備による紛争が起こりやすい

遺言書の効力

Q1-34 遺言書の効力や効力の発生時期について教えてください。

A 遺言書は、民法で定められた遺言方法により作成される必要があります。また遺言書の効力は遺言者が亡くなった時点で生じることになります。

❶ 遺言書の効力

遺言書には以下の遺言事項について効力があります。

(1) 遺産の指定

遺言書では、遺産を誰に、どのように相続させるか指定することができます。遺言書に記載しておくことによって法定相続人以外への遺贈、公共団体への寄付、財産の処分に関することなども指定しておくことが可能です。

(2) 相続に関する権利

遺言者が相続人から暴力などの虐待や侮辱行為を受けていた場合に、その相続人の相続廃除や相続廃除の取り消しをすることが可能です。

(3) 認知

遺言書で非嫡出子の認知（**Q1-20** 参照）をすることができます。遺言書で認知された子は被相続人の子として認められるため、法定相続人として財産を相続することができます。

その他に遺言執行者の指定、死亡保険金の受取人の変更などができます。

しかし、「兄弟仲良くしてください」などの付記事項については、遺言書に書くことは可能ですが、法的拘束力はないため、遺言書に記載しても効力はありません。また、夫婦2人で共同作成した遺言書などは、効力を持ちません。これは共同での遺言書だと効力発生の時期が特定できないことや、1人の意思が遺言書にしっかり反映されない可能性があるなどの理由があるためです。

　遺言書は必ず遺言者の意思でなければなりません。そのため、代理遺言書は無効となります。

　遺言書は満15歳以上であれば作成可能です。遺言書が未成年者であっても親の同意や代理人の同意などは不要です。

❷ 遺言書の効力発生時期

　遺言書は、遺言を作成した時点で成立します。しかし、遺言書の効力が発生するのは遺言者の相続が開始した時点です。そのため遺言書に財産の分配について記載されていても、相続開始前には何も権利はありません。

　また、相続開始後に遺言書により認知された非嫡出子の相続人がいる場合に、既に他の相続人間で遺産分割が完了している場合には、認知により相続人となった相続人は、金銭を請求することができます（民法910条）。

Q1-35　遺言による遺贈と契約による死因贈与の違い

遺贈と死因贈与の違いを教えてください。

A 　遺贈は遺贈者の意思により遺言書が作成され遺贈されるため、受遺者に遺贈についての意思は介入しません。それに対し、死因贈与は被相続人と受贈者とで生前に死因贈与の契約が成立していることが条件となるため、受贈者も被相続人が亡くなった時点で死因贈与されることについて合意しているという点が異なります。

❶ 遺贈とは

　遺贈は、遺言によって贈与することです。遺贈には、包括遺贈と特定遺贈があります。このどちらの方法によるかでその後の手続きなどに大きな影響を与えることになります。

【包括遺贈】

　包括遺贈とは、遺産の全部又は一定の割合を受遺者に与えることをいいます。包括受遺者になると現金や土地などのプラスの財産（積極財産）を受け取る権利のみならず、負債などのマイナスの財産（消極財産）も引き継ぐことになります。

　包括受遺者は、遺産分割が必要な場合、遺産分割協議に参加することとなります。

　包括受遺者は、遺贈を放棄することができます。

　負債が大きく遺贈を断りたい場合や、受け取る意思がない場合などは遺贈の放棄を行います。包括遺贈の放棄は、相続放棄の場合と同じく、遺贈を知ったときから、3か月以内に家庭裁判所で放棄の手続きを行う必要があります。

【特定遺贈】

　特定遺贈とは、特定の遺産を指定して遺贈することです。

　特定遺贈の受遺者は、遺産分割協議を経ずに、指定された遺産だけをもらうことができます。

　特定遺贈の受遺者も、遺贈を放棄することができます。

　特定遺贈の放棄は、相続人又は遺言執行者に対する意思表示によって行います。包括遺贈と異なり、家庭裁判所での放棄の手続きは必要ありません。

❷ 死因贈与

　死因贈与は、贈与者が亡くなった時に事前に指定した財産を受贈者に贈与する贈与契約を結ぶことです。死因贈与は、贈与者と受贈者との間で贈与契約を結ぶ必要があるため、贈与者の意思のみで行われる遺贈とは異なり、受贈者が遺産の受け取りに同意する必要があります。

　また、遺贈を行う場合には、遺言書に記載が必要となります。それに対し、死因贈与は書面が必ず必要ということはありません。死因贈与を結んだ贈与者、受贈者以外の人などが、死因贈与の契約があった旨の証明ができれば、口約束でも死因贈与の契約は可能です。ただし第三者に証明してもらうのが困難な場合や相続人とのトラブルになる可能性もありますので、死因贈与の契約書を作成しておいたほうが良いでしょう。

　遺贈は遺言書によって行われるため、満15歳以上であれば可能です。遺言者が未成年者であっても満15歳以上であれば親の同意や代理人の同意などは不要です。それに対し、死因贈与は契約のため、未成年者の場合は親権者などの代理人が同意するか、代理で行う必要があります。

第5節 遺留分

Q1-36 遺留分とは

被相続人が長男に全財産を相続させるという遺言書が出てきました。二男はその遺言書の内容に不満があるようですが、二男は相続財産を相続することはできないのでしょうか。

A 民法では、遺留分として一定の範囲内で相続人に最低限の相続財産取得分を保証しています。

❶ 遺留分とは

遺留分が認められている人を遺留分権利者といいます。被相続人の配偶者、子や孫などの直系卑属、親などがまだ健在の場合には両親や、祖父母などの直系尊属が該当します。

被相続人の兄弟姉妹や甥姪に遺留分はありません。

遺留分権利者の遺留分の割合は以下の表のとおりです。

相続人	配偶者の遺留分	直系卑属の遺留分	直系尊属の遺留分
配偶者のみ	1/2		
配偶者と直系卑属	1/4	1/4	
配偶者と直系尊属	1/3		1/6
直系卑属のみ		1/2	
直系尊属のみ			1/3

遺留分を請求できない人もいます。相続欠格、相続人の廃除、相続放棄、包括受遺者に該当する人は遺留分を請求できません。

❷ 遺留分制度の改正

遺留分制度については民法が改正され、令和元年7月1日に施行されました。

この改正では、遺留分を侵害された者は、遺贈や贈与を受けた者に対し、遺留分侵害額に相当する金銭の請求をすることができるようになりました。改正前は現物返還が原則だったため、例えば、遺留分の返還により兄弟間で不動産の共有関係が生じてしまうといったケースがありましたが、これを回避することができるようになりました。遺贈や贈与の目的財産を受遺者等に与えたいという遺言者の意思を尊重することができます。

遺贈や贈与を受けた者が金銭を直ちに準備することができない場合には、裁判所に対し、支払期限の猶予を求めることができます。

❸ 遺留分の算定方法

遺留分の算定の基礎となる金額は、以下により計算します。

① 被相続人の相続開始時点での財産

② 被相続人が生前に贈与した金額

③ 被相続人が有していた債務の額（借入金など）

④ ①＋②－③

各相続人の遺留分は、④に前ページの❶の割合をかけることで求めることができます。

なお、②の贈与した金額について、以前は相続人に対する贈与であれば全ての期間の贈与を含めていましたが、令和元年7月1日の民法改正後は、相続人に対する贈与については、相続開始前10年間に行われた贈与を基礎財産に算入することとされました。

令和元年7月1日より前に発生した相続に関しては、改正前の遺留分制度が適用されることになります。

遺留分侵害額請求の時効

Q1-37　遺留分の侵害額請求には時効があると聞きましたが、何年で時効になるのでしょうか。

A　遺留分侵害額の請求権は、遺留分権利者が、相続の開始又は遺留分を侵害する遺贈などがあったことを知った時から1年間行使しないとき、又は、相続開始の時から10年を経過したときは時効によって消滅します。

上記 **A** の内容は、民法 1048 条により規定されています。

事例 ①

被相続人：父

相 続 人：長男、二男

相続開始日：平成 30 年 10 月 1 日

遺　　産：居住用不動産 6,000 万円、預貯金 2,000 万円

遺 言 書：「相続財産の全てを長男に相続させる」と記載

遺言書の開示：相続開始直後に二男に開示済み

遺留分を侵害する贈与又は遺贈：なし

遺留分侵害額請求：令和 2 年 7 月 29 日

　この**事例①**では相続開始直後に長男は二男に遺言書の内容を開示しており、二男が遺留分を侵害している旨の請求をしたのが相続開始から1年以上経過しているため、時効は成立していることとなります。そのため、二男の遺留分侵害額請求権は時効によって消滅しています。

事例 ❷

被相続人：父

相 続 人：長男、二男

相続開始日：平成 30 年 10 月 1 日

遺　　産：居住用不動産 6,000 万円、預貯金 2,000 万円

遺 言 書：「居住用不動産を長男、預貯金を二男に相続させる」と記載

遺言書の開示：相続開始直後に二男に開示済み

遺留分を侵害する贈与：長男へ現金 3,000 万円（特別受益に該当する）

遺留分を侵害する贈与を知った日：令和 2 年 6 月 1 日

遺留分侵害額請求：令和 2 年 7 月 29 日

　二男は、遺留分を侵害する贈与があることを知らないまま相続開始後 1 年以上経過しています。そのためこの**事例②**では、民法 1048 条の「遺留分を侵害する贈与又は遺贈があったことを知った時から 1 年間」を経過していないため、遺留分侵害額請求権は消滅していないと考えられます。

　また、この場合の遺留分侵害額は、

$$(6,000 万円＋2,000 万円＋3,000 万円) \times \frac{1}{4} ＝2,750 万円$$

$$2,750 万円－2,000 万円（二男遺言による相続分）＝750 万円$$

となります。

Q1-38 遺留分侵害額請求を受けた場合の相続税申告

被相続人は生前公正証書遺言を作成していました。相続人は長男と長女の２人です。公正証書遺言には、長男に被相続人の財産を全て相続させると記載されていました。長男は全ての遺産を相続し、遺言の通り相続税の申告をしました。しかし、相続税申告後（相続税申告期限後）に長女より遺留分侵害額請求を受け、調停中です。遺留分侵害額請求の和解に至った場合には、相続税の申告はどのようにすれば良いでしょうか。

A 　遺留分侵害額請求により返還すべき額が確定した場合、長男は取得した相続財産が減ることになります。この場合は、その返還額が確定したことを知った日の翌日から４か月以内に更正の請求をする必要があります。また、遺留分侵害額請求により相続財産を取得することになった長女は、相続税の申告書を提出していない場合には期限後申告をしなければなりません。

❶ 遺留分侵害額請求と更正の請求

　遺言書は、遺言者の相続が開始した時点から効力を発生することとされています。遺言の対象となった相続財産は、被相続人の相続が開始した時点で移転することになります。しかし、相続人の遺留分を侵害する場合には、遺留分権利者は遺留分の侵害額請求を行うことができます。遺留分侵害額請求が行われた場合には、受遺者は、遺留分権利者に対して、侵害のあった遺留分に相当する金銭を支払わなければなりません。

　更正の請求（18ページ参照）ができる場合について、相続税法32条1項3号では、「遺留分侵害額の請求に基づき支払うべき金銭の額が確定したこと。」と規定しています。

　遺留分の金額を算定し、遺留分権利者が取得する財産の価額が確定するまで相当の期間が必要になります。そのため更正の請求は、遺留分侵害額

の請求に基づき支払うべき金銭の額が確定したことを知った日の翌日から4か月以内に行うことにしています。

支払うべき金銭の額が確定したことを知った日とは、支払うべき金銭の額について具体的な合意が成立した時点又は判決が確定した時点となります。

相続税法32条では更正の請求について「できる」と規定されているため、返済すべき又は弁済すべき額が確定したとしても更正の請求をしないこともできます。その場合、相続税の総額に変更がない場合には、当初の申告のまま修正申告を行わないことも考えられます。しかし、受遺者が更正の請求を行った場合には、遺留分権利者も修正申告又は期限後申告を行わないと更正又は決定処分される可能性があります。

❷ 修正申告又は期限後申告を行った場合の課税関係

遺留分権利者が修正申告又は期限後申告を行った場合の無申告加算税、過少申告加算税及び延滞税の取扱いが問題となります。

無申告加算税については正当な理由がある場合は課されないこととされています（国税通則法66条1項）。遺留分の侵害額請求による期限後申告は、正当な理由と認められるため課されません。

同じく過少申告加算税についても、国税通則法65条5項の正当な理由に該当するため課されません。

延滞税については、遺留分侵害額が確定し期限後申告を行った場合には、延滞税の特則により、相続税の申告書の提出期限の翌日から期限後申告書を提出した日までの期間は、延滞税を課さないとされています。従って、期限後申告書の提出と同時に相続税額を納めた場合には、延滞税は課されないことになります。

Q1-39 遺留分と譲渡所得税

被相続人は生前に公正証書遺言を作成していました。相続人は長男と二男の2人です。公正証書遺言には長男に被相続人の財産を全て相続させると記載されていましたが、二男は遺留分を侵害しているとして遺留分侵害額請求を行いました。それにより、長男は遺留分侵害額を不動産で支払うことにしました。この場合の課税関係を教えてください。

A 　遺留分侵害額を金銭に代えて不動産で支払った場合には、譲渡所得税が課税されます。

　Q1-36でも触れましたが、令和元年7月1日より「遺留分減殺請求権」が「遺留分侵害額請求権」に改正され、請求権の内容が物権的請求権（物に対する所有権を請求できる権利）から、金銭債権化されることになりました。

　改正前の民法1031条では、「遺留分権利者及びその承継人は、遺留分を保全するのに必要な限度で、遺贈又は贈与の減殺を請求することができる」と規定されており、遺留分は相続財産に対する物権的請求権と考えられており、相続財産の返還請求を意味していました。つまり、遺留分の対象財産が不動産である場合には、不動産の権利を返還する必要があり、不動産の共有関係が生じてしまう場合がありました。

　また、遺留分減殺請求により資産の移転があった場合は、相続税の範囲内であると考え、譲渡所得税の課税関係は生じないこととされていました。

　しかし、上記の民法改正で遺留分を侵害された者は、遺留分侵害額に相当する金銭の請求をすることができるようになりました。

　ただし金銭で支払うのが困難である場合には、当事者間の合意により、

金銭に代えて他の財産での支払が認められています。この場合は、本来は遺留分侵害額に相当する金銭を支払うべきであるが、不動産を譲渡して支払うため、代物弁済として取り扱うことになります（所得税基本通達33-1の6、下記〈参考〉参照）。そのため譲渡所得税が課されることになります。

〈参考〉 所得税基本通達33-1の6
　民法第1046条第1項《遺留分侵害額の請求》の規定による遺留分侵害額に相当する金銭の支払請求があった場合において、金銭の支払に代えて、その債務の全部又は一部の履行として資産（当該遺留分侵害額に相当する金銭の支払請求の基因となった遺贈又は贈与により取得したものを含む。）の移転があったときは、その履行をした者は、原則として、その履行があった時においてその履行により消滅した債務の額に相当する価額により当該資産を譲渡したこととなる。

Q1-40 後継者に自社株を相続させたい場合

甲が行っている事業の後継者は長男となります。長男が後継者となるため、事業承継税制による納税猶予を利用して、長男に自社株の全てを贈与しようと考えています。しかし、甲の相続が発生した際に相続人同士で遺留分の争いが起こらないようにしたいのですが、どうすればよいでしょうか。

A 事業承継を円滑に行うための遺留分に関する民法の特例を利用することで、遺留分算定基礎財産から除外、又は、遺留分算定基礎財産に算入する際の評価額をあらかじめ固定することができます。

遺留分に関する民法の特例として、除外合意と固定合意があります。

❶ 除外合意

自社株を後継者に全て相続させると、他の相続人の遺留分を侵害する場合があります。しかし、遺留分侵害額請求により自社株を渡すと、会社の株式が分散することになり、他人に会社の経営権を奪われる可能性があります。

このような事態を防ぐために、民法の特例として「除外合意」が認められています。除外合意とは、生前贈与された株式の全部又は一部について遺留分算定基礎財産から除外することに合意することです。

除外合意を行うためには、推定相続人全員の同意が必要となります。

事例

会　　社：X社
代 表 者：甲

相 続 人：甲の配偶者、甲の長男、甲の二男

Ｘ社後継者：甲の長男

自 社 株：５億円

甲の相続財産：４億円

　甲は、長男に自社株の全てを生前に贈与しました。

　甲の相続財産は法定相続分で相続しました（配偶者２分の１、長男４分の１、二男４分の１）。

相続人	甲の相続財産（4億円）は法定相続分により相続	除外合意していない場合の遺留分	除外合意している場合の遺留分
配偶者	2億円	2億2,500万円	1億円
長男	6億円（甲の相続財産1億円＋自社株5億円）	1億1,250万円	5,000万円
二男	1億円	1億1,250万円	5,000万円

　このように、自社株が遺留分算定基礎財産に含まれてしまうと、配偶者と二男は遺留分を侵害されているため、遺留分の侵害額請求ができることになります。

　しかし、除外合意しておくことで自社株５億円は遺留分算定基礎財産に含まれないことになり、遺留分を侵害していないことになります。

❷ 固定合意

　固定合意とは、生前贈与された株式の全部又は一部について、合意した時点の価格で遺留分を計算することに合意することです。

　遺留分算定をする際、自社株の評価は、本来は相続開始時点の時価により算定することとなります。しかし、後継者の自助努力により自社株が値上がりすることで遺留分侵害額が多額になるおそれがあります。

　このように遺留分侵害額が多額になるのを防ぐために、民法の特例として固定合意が認められています。固定合意を行うためには、推定相続人全

員の同意が必要となります。

会　　社：X 社
代 表 者：甲
相 続 人：甲の配偶者、甲の長男、甲の二男
X 社後継者：甲の長男
固定合意時の自社株：3 億円
相続開始時点の自社株：5 億円
甲の相続財産：4 億円
　甲は、長男に自社株の全てを生前に贈与しました。
　甲の相続財産は法定相続分（配偶者 2 分の 1、長男 4 分の 1、二男 4 分の 1）で相続しました。

相続人	甲の相続財産（4 億円）は法定相続分により相続	固定合意していない場合の遺留分	固定合意している場合の遺留分
配偶者	2 億円	2 億 2,500 万円	1 億 7,500 万円
長男	6 億円（甲の相続財産 1 億円＋自社株 5 億円）	1 億 1,250 万円	8,750 万円
二男	1 億円	1 億 1,250 万円	8,750 万円

　固定合意していない場合は、生前贈与された株式について相続開始時点の時価で算定されるため、遺留分を侵害していることになります。しかし、固定合意を行うことにより、固定合意時の自社株の時価が遺留分算定基礎財産の評価額となり、株式はそのときの評価額で計算されるため、遺留分を侵害していないことになります。

第6節 民事信託

信託とは

Q1-41 信託とは何ですか。

> **A** 信託とは、委託者が信託行為によって信頼できる受託者に対して現金や土地などの財産を移転し、委託者が設定した信託目的に従って、受益者のためにその財産の管理、処分などをさせることをいいます。

❶ 信託の登場人物

信託の登場人物は、「委託者」「受託者」「受益者」となります。

(1) 委託者

委託者とは、信託した財産の元の所有者で、信託行為によって信託を設定する者をいいます。

(2) 受託者

受託者とは、委託者の依頼を受け、信託行為の定めに従い、信託財産の管理や処分など目的達成のために必要な行為をすべき義務を負う者をいいます。

(3) 受益者

受益者とは、受託者が管理や処分をした信託財産から生ずる利益を受ける者をいい、受益権を有する者です。

財産の管理を
受託者に依頼

受託者は財産を
管理しそこから
得られた利益は
受益者が享受

委託者　　　　　　　　　受託者　　　　　　　　　受益者

❷ 信託の種類

　信託には、「商事信託」「民事信託」があります。

(1) 商事信託

　商事信託とは、信託銀行などが受託者となり業務を行い、投資や財産の管理のために営利目的で行う信託をいいます。商事信託は、信託業法に基づいて財産の管理などを行います。

(2) 民事信託

　民事信託とは、家族や親族などが受託者となり、委託者の財産を管理します。民事信託は、受託者から報酬を貰わずに非営利目的で行う信託をいいます。そのため、民事信託は信託業法の制限を受けることはなく、個人・法人問わず受託者になることが可能となります。

❸ 信託の方法

　信託は、「信託契約」「遺言」「信託宣言」の３つの方法があります。

　これらの方法により信託を設定する為の法律行為を「信託行為」といいます。

(1) 信託契約

　信託契約とは、委託者と受託者が信託の契約を締結する方法です。信託契約書を委託者と受託者で交わすことにより信託が開始されます。

信託契約はお互いの合意により成立しますので、口頭でも成立しますが、契約書を作成するのが望ましいと考えます。

　また、契約書を公正証書にする場合もあります。これは、公証役場で設定することで不正や改ざんを防ぐためです。

(2)　遺言

　遺言書を作成し、委託者の死亡により信託を開始することができます。遺言による信託では、書き間違いなどにより遺言書として無効になることもあるため、公正証書遺言を作成する場合が多いです。

(3)　信託宣言

　信託宣言とは、委託者が受託者となり、受益者のために委託者の財産を委託者自身が管理・処分等をする信託です。公正証書等により作成しなければ効力が発生しないとされています。

　信託宣言は、委託者と受託者が同じであるため、特定の財産を信託財産とすることを宣言するだけで信託を成立させることになります。そのため自己信託とも呼ばれます。

　成立要件は、原則として自己信託公正証書を作成しなければなりません。また、公正証書等以外の書面又は電磁的記録によってされる場合には、受益者として指定された第三者に対する確定日付のある書面により信託内容を通知する方法で自己信託を設定することも可能となります。

　信託宣言は、通常委託者と受益者は異なりますので、信託宣言を設定した時点で受益者に財産が移転したとみなされ、みなし贈与として贈与税の課税対象になります。

　信託宣言により、受益権はみなし贈与で受益者に移転しますが、財産の管理処分権限は、引き続き委託者に残すことが可能となります。

　そのため、自社株の財産価値は受益者に贈与し、議決権は委託者が引き続き行使したい場合などに信託宣言は有効となります。

信託の効力発生時期

Q1-42 信託の効力発生時期はいつですか。

A 信託の効力発生時期は、①信託契約の場合には信託契約を締結した時、②遺言の場合には遺言効力の発生時、③信託宣言の場合には公正証書の作成時などになります。ただし例外として、効力発生時期に停止条件や始期を定めることができます。

(1) 信託契約

信託契約の効力発生時期は、原則として信託契約を締結した時になります。ただし、例外として効力発生時期に停止条件や始期を定めることができます。例えば、委託者に後見開始の審判が降りた時や、委託者が死亡したときに効力が発生するよう定めることができます。

(2) 遺言

遺言による信託の効力発生時期は、原則として遺言効力の発生した時になります。ただし、例外として効力発生時期に停止条件や始期を定めることができます。

(3) 信託宣言

信託宣言の効力発生時期は、原則として公正証書等を作成した時、又は、公正証書等以外の書面又は電磁的記録によってされる場合には、受益者として指定された第三者に対する確定日付のある書面により信託内容の通知があった時になります。ただし、例外として効力発生時期に停止条件や始期を定めることができます。

　「停止条件」とは、将来発生することが不確実な事実を契約等の効力の発生要件とする場合をいいます。

　例えば「委託者に後見開始の審判が降りた時」は将来発生することが不確実な事実であるため、停止条件となります。

　「始期」とは、将来発生することが確実な事実を契約等の効力発生要件とする場合をいいます。

　例えば「委託者が死亡した時」は将来発生することが確実な事実であるため、始期となります。

	効力発生日（原則）
信 託 契 約	信託契約を締結した時
遺 言	遺言の効力が発生した時（委託者の相続開始時）
信 託 宣 言	公正証書作成時

Q1-43 受託者による帳簿等の作成、報告及び保存の義務

受託者は信託財産の管理等を行うことになりますが、どのようなことを行うのですか。

A 受託者は、信託事務に関する計算、信託財産及び信託財産責任負担債務の状況を明らかにし、信託財産に係る帳簿その他の書類又は電磁的記録を作成しなければなりません。

❶ 帳簿等の作成、報告及び保存の義務

受託者は、信託により委託者の財産管理等を行う場合には、受益者に報告する必要があります。受託者の義務は主に以下の通りです。

● 貸借対照表、損益計算書などの財産状況開示資料を作成し、受益者に報告しなければなりません。ただし、信託行為に別段の定めがあるときは、その定めるところによるとされており、別段の定めによって報告義務を軽減又は免除することも可能となります。

● 信託事務に関する計算並びに信託財産及び信託財産責任負担債務（受託者が信託事務を行ったことにより負った債務などで、信託財産をもって履行すべき義務を負う債務）の状況を明らかにするための書類などを作成したときは、その作成の日から10年間（当該期間内に信託の清算結了があったときは、その日までの間）保存しなければなりません。ただし、受益者に対して当該書類もしくはその写し等を交付したときは、保存義務が免除されることになります。

● 信託財産の処分に係る契約書その他の信託事務の処理に関する書類等を作成し、又は取得した場合にも、その作成又は取得の日から10年間保存しなければならないこととされています。この場合も、別段の定めによって報告義務を軽減又は免除することも可能であり、受益者に対して当該書類もしくはその写し等を交付したときは、保存義務が免除されることになります。

また、受益者には信託帳簿や信託に係る書類等（下記参照）の閲覧・謄写を請求する権利があります。そのため、受託者は受益者より閲覧・謄写の請求があった場合には拒否することはできません。

❷ 帳簿等の作成時期

　信託帳簿とは、信託事務に関する計算、信託財産及び信託財産責任負担債務などの日常的な取引や財産債務の状況を明らかにする帳簿です。信託帳簿については、随時作成することになります。

　また、受託者は、信託財産の処分に係る契約書その他の信託事務の処理に関する書類も随時作成することになります。例えば、受託者が契約した信託財産に係る売買契約書や賃貸借契約書、建物の建築請負契約書等です。

　財産状況開示資料は毎年1回、一定の時期に作成する必要があります。受益者には、信託財産から生ずる利益を確定申告する必要があるため、受益者が個人である場合には、個人の確定申告の期間と同じく、1月1日から12月31日までの期間で財産状況開示資料を作成し開示することが多くなります。

Q1-44 信託の効力発生時の課税関係

信託の効力が発生した際、課税関係はどのようになりますか。

A 　自益信託の場合には、委託者と受益者が同じであるため課税関係は生じません。他益信託の場合には、委託者と受益者が異なるため、みなし贈与として贈与税が課税されることになります。

❶ 自益信託

自益信託では、委託者と受益者は同じで、所有権が受託者に移ります。受託者が財産の管理等を行います。受託者は財産の管理等をするだけで、受益権は委託者のままであるため、税法上は受託者を財産を所有する者とはみなさず、信託による所有権移転による課税は生じないことになります。

つまり委託者と受益者が同一である場合は、課税の対象は信託行為によって所有者となった受託者とはなりません。委託者が信託財産から得られる利益に課税が生じることになります。

自益信託

 受託者に委託 ➡ 受益者が利益を享受 ➡

委託者　　　　　　　　　　受託者　　　　　　　　　　受益者

委託者＝受益者

❷ 他益信託

他益信託では、委託者と受益者が異なります。財産の所有者は委託者又

は受託者となり、委託者又は受託者が財産の管理等を行います。受益者が利益を得ることになります。

　他益信託では受益権を第三者に譲るため、信託の効力が生じた時点で、委託者から受益者に財産が移転したものとみなされます。委託者と受益者が異なる場合には、受益者が信託財産から得られる利益に課税が生じることになります。

受益権が委託者から受益者に適正な対価により譲渡された場合
　……譲渡した委託者に譲渡所得税が課税されます。
受益権が委託者から受益者に贈与された場合
　……贈与された受益者に贈与税が課税されます。

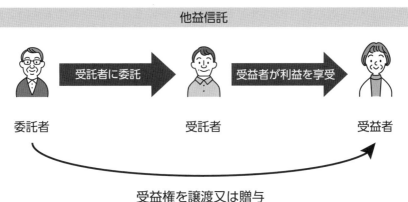

他益信託

委託者　→ 受託者に委託 →　受託者　→ 受益者が利益を享受 →　受益者

受益権を譲渡又は贈与
委託者に譲渡所得税又は受益者に贈与税

信託の効力発生期間中の課税関係

Q1-45　信託の効力が発生している期間中の課税関係はどのようになりますか。

A　委託者から信託された信託財産の形式的な所有権は受託者となりますが、信託財産から生じる利益は受益者が受け取ることになります。

　そのため、信託財産の実質的な所有者は受益者であると考えられ、税法では、受託者が信託財産の運用をしたことで利益が生じた場合には、受益者に対して課税することとされています。

❶ 税務署への提出書類

　信託の受益者は信託の信託財産に属する資産及び負債を有するものとみなします。また、信託財産から発生する収益及び費用は受益者の収益及び費用とみなして、受益者に課税することになります（所得税法13条1項、法人税法12条1項）。

　受託者は、信託の計算書及び信託の計算書合計表を、税務署長に提出する必要があります。信託会社以外の受託者は、毎年1月31日までに提出します（所得税法227条）。

　ただし、信託財産から得られる収益額の合計額が3万円（合計額の計算の基礎となる期間が1年未満の場合には、1万5,000円）以下であるときは、その計算書は、提出する必要はありません（所得税法施行規則96条2項）。

（注）特定寄付信託等である場合には、収益額の合計額が上記の金額以下でも信託の計算書が必要となります（所得税法施行規則96条3項）。

❷ 信託不動産から損失が生じた場合の損益通算

　信託不動産から生じた損失は不動産所得の計算上なかったものとみなし、損益通算が禁止されています（租税特別措置法41条の4の2）。

ただし、同じ信託契約の中に２つ以上の信託不動産がある場合は、黒字が出ている信託不動産と赤字が出ている信託不動産とを損益通算できます。

　また、信託不動産から生じた損失は不動産所得の計算上なかったものとみなすため、純損失の繰越控除も行うことはできません。

 受託者に委託 → 受益者が利益を享受 →

委託者　　　　　　　　　受託者　　　　　　　　　受益者

受益者に課税

事例 ❶

【信託不動産とその他の不動産両方とも年間収支が黒字となる場合】

　信託不動産もその他の不動産もどちらも年間収支が黒字となる場合には、両方の所得を合算して申告することになります。

信託不動産 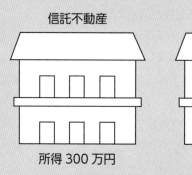　　　その他の不動産

所得 300 万円　　　　　　　　　所得 300 万円

300 万円＋300 万円＝600 万円
600 万円で申告

事例 ❷

【信託不動産が黒字、その他の不動産が赤字の場合】

　信託不動産が黒字でその他の不動産が赤字の場合には、両方の所得を合算して申告することになります。信託不動産から生じた損失については不動産所得の計算上なかったものとみなされますが、その他の不動産が赤字である場合には、損益通算することができます。

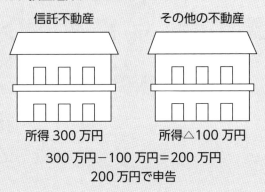

　　　　　信託不動産　　　　　　　その他の不動産

　　　　　所得 300 万円　　　　　　所得△100 万円

　　　　300 万円－100 万円＝200 万円

　　　　　　　　200 万円で申告

事例 ❸

【信託不動産が赤字、その他の不動産が黒字の場合】

　信託不動産から生じた損失は不動産所得の計算上なかったものとみなすため、信託不動産が赤字の場合には損益通算することはできません。

　そのため、その他の不動産の黒字をそのまま申告することになります。

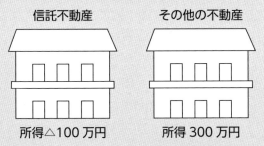

　　　　　信託不動産　　　　　　　その他の不動産

　　　　　所得△100 万円　　　　　　所得 300 万円

　信託不動産が赤字のため、その他の不動産と損益通算できません。

　　　　　　　　300 万円で申告

事例❹

【不動産ごとに別々の信託契約となっている場合で、信託不動産 A が黒字、信託不動産 B が赤字の場合】

　信託不動産 A と信託不動産 B が別々の信託契約となっているため、損益通算はできません。年間収支の計算は、信託契約ごとに計算する必要があります。同じ信託契約による不動産の損失については損益通算が可能となりますが、異なる信託契約による信託不動産との損失通算はできません。

　信託不動産 B の赤字は信託不動産から生じた損失として不動産所得の計算上なかったものとみなすため、信託不動産 A と損益通算することはできないことになります。

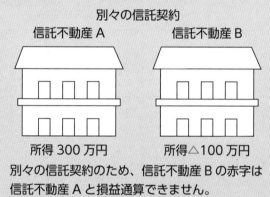

別々の信託契約

信託不動産 A　　　　　　　信託不動産 B

所得 300 万円　　　　　　所得△100 万円

別々の信託契約のため、信託不動産 B の赤字は
信託不動産 A と損益通算できません。
300 万円で申告

　なお、以下のように同じ信託契約である場合は、信託不動産 B の赤字は信託不動産 A と損益通算できます。

同じ信託契約

信託不動産 A　　　　　　　信託不動産 B

所得 300 万円　　　　　　所得△100 万円

200 万円で申告

信 託 の 計 算 書

(自　　年　月　日至　　年　月　日)

信託財産に帰せられる収益及び費用の受益者等	住所(居所)又は所在地			
	氏 名 又 は 名 称		番 号	
元本たる信託財産の受 益 者 等	住所(居所)又は所在地			
	氏 名 又 は 名 称		番 号	
委 託 者	住所(居所)又は所在地			
	氏 名 又 は 名 称		番 号	
受 託 者	住所(居所)又は所在地			
	氏 名 又 は 名 称	(電話)		
	計算書の作成年月日	年　　月　　日　番号		

信託の期間	自　　　年　　月　　日至　　　年　　月　　日	受益者等の異動	原　　因	
信託の目的			時　　期	

受益者等に交付した利益の内容	種　　類		受託者の受けるべき報酬の額等	報酬の額又はその計算方法	
	数　　量			支払義務者	
	時　　期			支払時期	
	損益分配割合			補てん又は補足の割合	

収 益 及 び 費 用 の 明 細

収 益 の 内 訳	収 益 の 額 (千円)	費 用 の 内 訳	費 用 の 額 (千円)
収益		費用	
合　　計		合　　計	

資 産 及 び 負 債 の 明 細

資産及び負債の内訳	資産の額及び負債の額 (千円)	所 在 地	数 量	備 考
資産				
合　　計		(摘要)		
負債				
合　　計				
資産の合計－負債の合計				

整　理　欄	①	②

357

自 令和　年　月　日 至 令和　年　月　日	信託の計算書合計表				

税務署受付印

	処理事項	通信日付印 ※ ・・	検　収 ※	整理簿登載 ※	身元確認 ※

○平成28年1月1日以後提出用

令和　年　月　日提出 税務署長　殿	提出者	住所（居所）又は所在地	電話（　　－　　－　　）	整理番号			
		個人番号又は法人番号(注)	1個人番号の記載に当たっては、左端を空白にし、ここから記載してください。	書類の提出区分 新規＝1、追加＝2 訂正＝3、無効＝4	提出媒体	本店一括	有・無
		フリガナ 氏名又は名称		作成担当者			
		フリガナ 代表者氏名		作成税理士署名	税理士番号（　　　　　　）		
					電話（　　－　　－　　）		

信託財産の種類	件　数	収益の額	費用の額	資産の額	負債の額
金　　銭	件	円	円	円	円
有価証券					
不　動　産					
そ　の　他					
計					

（摘　要）

○　提出媒体欄には、コードを記載してください。（電子＝14、FD＝15、MO＝16、CD＝17、DVD＝18、書面＝30、その他＝99）
(注)　平成27年12月31日以前に開始する事業年度に係る合計表を作成する場合（信託会社以外の受託者にあっては、平成28年12月31日以前にこの合計表を提出する場合）には、「個人番号又は法人番号」欄に何も記載しないでください。

（用紙　日本産業規格　A4）

（出典）国税庁ホームページ

信託の終了時の課税関係

Q1-46 信託の終了時の課税関係はどのようになりますか。

A 信託終了時に残余財産の帰属先を定めることができます。残余財産が、受益者から誰に帰属するかによって課税関係は異なります。

　信託契約が終了すると、清算受託者（信託契約が終了した場合に、信託終了に伴う清算事務を行う受託者をいいます。信託終了時点の受託者が清算受託者になる場合が多いですが、弁護士などが客観的な第三者として清算受託者になり、清算事務を行う場合もあります）による信託の清算が行われ、信託の残余財産は、帰属権利者に移転することになります。

　帰属権利者とは、何らかの理由によって信託契約が終了又は解除された場合に、信託財産の帰属先として指定されている者をいいます。

　信託契約が終了した時点で信託財産に関する債務を弁済し、清算して残った残余財産は、その帰属権利者の固有財産になります。

　課税関係は、信託設定時と同様に考えます。信託終了時の受益者と帰属権利者が同じ場合、信託による所有権移転はないことになるため、信託終了による課税は生じないことになります。

　信託終了時に受益者と帰属権利者が異なる場合には、適正な対価の負担があるか、ないかにより課税関係が異なります。

受益者と帰属権利者が同じ場合

信託契約終了

委託者
受益者
帰属権利者

受託者

受益者＝帰属権利者の場合には
課税関係は生じません。

　以下のように、信託終了時の受益者と帰属権利者とが異なる場合で、信託終了の原因が受益者の死亡である場合には、帰属権利者に相続税が課税されます。

受益者と帰属権利者が異なる場合①

受益者の死亡により
信託契約終了

委託者
受益者

受託者

帰属権利者

受益者と帰属権利者が異なり、信託契約終了事由が受益者の
死亡による場合には、帰属権利者に相続税が課税

　以下のように、信託終了時の受益者と帰属権利者とが異なり、信託終了の原因が受益者の死亡以外である場合で、残余財産が受益者から適正な対価により譲渡された場合には、譲渡した受益者に譲渡所得税が課税されることとなります。

受益者と帰属権利者が異なる場合②

受益者の死亡以外の事由
により信託契約終了

委託者
受益者

受託者　帰属権利者

残余財産を適正な対価で帰属権利者に譲渡

受益者と帰属権利者が異なり、信託契約終了事由が受益者の
死亡以外による場合で、残余財産を適正な対価により譲渡し
た場合には、譲渡した受益者に譲渡所得税が課税

　以下のように、残余財産の受益権が受益者から帰属権利者に贈与された
場合には、贈与された帰属権利者に贈与税が課税されることになります。

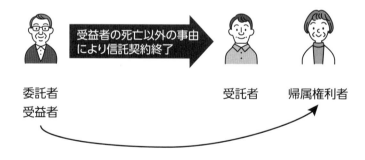

受益者と帰属権利者が異なる場合③

受益者の死亡以外の事由
により信託契約終了

委託者
受益者

受託者　帰属権利者

残余財産を帰属権利者に贈与

受益者と帰属権利者が異なり、残余財産を帰属権利者に
贈与した場合には、帰属権利者に贈与税が課税

信託受益権の相続税評価

Q1-47　信託受益権の相続税評価額はどのようになりますか。

A　信託受益権の評価額は、基本的に財産の所有権の評価額と同額で計算されますので、信託財産を受益者が所有しているとみなして計算します。

　信託受益権を評価する場合には、信託財産そのものの元本を受け取る受益者（元本の受益者）と、信託財産から発生する利益を受け取る受益者（収益の受益者）とで考えます（財産評価基本通達202）。

(1)　元本の受益者と収益の受益者が同じである場合の評価

　受益者が一人の場合は、信託財産を受益者が所有しているものとみなして、課税時期における信託財産のそのものの価額が受益権の評価額となります。

(2)　元本の受益者と収益の受益者が同じで、元本及び収益の一部を受ける場合の評価

　元本と収益との受益者が同じで元本及び収益の一部を受ける場合には、課税時期における信託財産のそのものの価額にそれぞれの受益割合を乗じた額が受益権の評価額となります。

(3)　元本の受益者と収益の受益者が異なる場合の評価

　元本の受益者と収益の受益者とが異なる場合は、元本の受益権と収益の受益権に分けて評価します。収益の受益権は、将来受け取るべき利益の価額に、課税時期から受け取る時期までの期間に応じる基準年利率による複利現価率を掛けて計算した額で評価します。元本の受益権の評価額は、信

託財産の価額から収益受益権の評価額を控除した額となります。

複　利　表　（令和5年1・10・12月分）

区分	年数	年0.01%の複利年金現価率	年0.01%の複利現価率	年0.01%の年賦償還率	年1.5%の複利終価率	区分	年数	年1%の複利年金現価率	年1%の複利現価率	年1%の年賦償還率	年1.5%の複利終価率
短期	1	1.000	1.000	1.000	1.015		36	30.108	0.699	0.033	1.709
	2	2.000	1.000	0.500	1.030		37	30.800	0.692	0.032	1.734
区分	年数	年0.25%の複利年金現価率	年0.25%の複利現価率	年0.25%の年賦償還率	年1.5%の複利終価率		38	31.485	0.685	0.032	1.760
							39	32.163	0.678	0.031	1.787
中期	3	2.985	0.993	0.335	1.045		40	32.835	0.672	0.030	1.814
	4	3.975	0.990	0.252	1.061		41	33.500	0.665	0.030	1.841
	5	4.963	0.988	0.202	1.077		42	34.158	0.658	0.029	1.868
	6	5.948	0.985	0.168	1.093		43	34.810	0.652	0.029	1.896
区分	年数	年1%の複利年金現価率	年1%の複利現価率	年1%の年賦償還率	年1.5%の複利終価率		44	35.455	0.645	0.028	1.925
	7	6.728	0.933	0.149	1.109		45	36.095	0.639	0.028	1.954
	8	7.652	0.923	0.131	1.126		46	36.727	0.633	0.027	1.983
	9	8.566	0.914	0.117	1.143		47	37.354	0.626	0.027	2.013
	10	9.471	0.905	0.106	1.160		48	37.974	0.620	0.026	2.043
	11	10.368	0.896	0.096	1.177		49	38.588	0.614	0.026	2.074
	12	11.255	0.887	0.089	1.195		50	39.196	0.608	0.026	2.105
	13	12.134	0.879	0.082	1.213		51	39.798	0.602	0.025	2.136
	14	13.004	0.870	0.077	1.231	長	52	40.394	0.596	0.025	2.168
	15	13.865	0.861	0.072	1.250		53	40.984	0.590	0.024	2.201
	16	14.718	0.853	0.068	1.268		54	41.569	0.584	0.024	2.234
	17	15.562	0.844	0.064	1.288		55	42.147	0.579	0.024	2.267
長	18	16.398	0.836	0.061	1.307		56	42.720	0.573	0.023	2.301
	19	17.226	0.828	0.058	1.326		57	43.287	0.567	0.023	2.336
	20	18.046	0.820	0.055	1.346		58	43.849	0.562	0.023	2.371
	21	18.857	0.811	0.053	1.367		59	44.405	0.556	0.023	2.407
	22	19.660	0.803	0.051	1.387		60	44.955	0.550	0.022	2.443
期	23	20.456	0.795	0.049	1.408	期	61	45.500	0.545	0.022	2.479
	24	21.243	0.788	0.047	1.429		62	46.040	0.540	0.022	2.517
	25	22.023	0.780	0.045	1.450		63	46.574	0.534	0.021	2.554
	26	22.795	0.772	0.044	1.472		64	47.103	0.529	0.021	2.593
	27	23.560	0.764	0.042	1.494		65	47.627	0.524	0.021	2.632
	28	24.316	0.757	0.041	1.517		66	48.145	0.519	0.021	2.671
	29	25.066	0.749	0.040	1.539		67	48.659	0.513	0.021	2.711
	30	25.808	0.742	0.039	1.563		68	49.167	0.508	0.020	2.752
	31	26.542	0.735	0.038	1.586		69	49.670	0.503	0.020	2.793
	32	27.270	0.727	0.037	1.610		70	50.169	0.498	0.020	2.835
	33	27.990	0.720	0.036	1.634						
	34	28.703	0.713	0.035	1.658						
	35	29.409	0.706	0.034	1.683						

(注)　1　複利年金現価率、複利現価率及び年賦償還率は小数点以下第4位を四捨五入により、複利終価率は小数点以下第4位を切捨てにより作成している。

　　　2　複利年金現価率は、定期借地権等、著作権、営業権、鉱業権等の評価に使用する。

　　　3　複利現価率は、定期借地権等の評価における経済的利益（保証金等によるもの）の計算並びに特許権、信託受益権、清算中の会社の株式及び無利息債務等の評価に使用する。

　　　4　年賦償還率は、定期借地権等の評価における経済的利益（差額地代）の計算に使用する。

　　　5　複利終価率は、標準伐期齢を超える立木の評価に使用する。

（出典）国税庁ホームページ

民事信託と成年後見制度

Q1-48 民事信託と成年後見制度の違いは何ですか。またお互いのメリット・デメリットを教えてください。

A 　民事信託では、委託者から依頼を受けた受託者が委託者の財産の管理・処分等を行います。
　一方、成年後見制度は、成年被後見人が認知症などで財産管理能力を喪失した場合に、成年被後見人の財産を保護するための制度です。
　民事信託は委託者の将来の認知症リスクなどに備え受託者に財産の管理等を委託したい場合などに行うのに対し、成年後見制度では実際に成年被後見人が認知症になった場合などに、本人や親族が家庭裁判所に申立てをして成年後見人が選任されて始まります。
　民事信託も成年後見人も、お互いにメリット・デメリットがあります。

❶ 民事信託

　民事信託は、委託者が信託行為によって信頼できる受託者に対して現金や土地などの財産を移転し、受託者は委託者が設定した信託目的に従って受益者のためにその財産の管理、処分などをすることです。

【民事信託のメリット】

● 成年後見制度とは異なり、家庭裁判所に申立てをする必要がありません。

● 民事信託は信託契約により、受託者の権限の範囲内で、受託者の判断により投資などによる信託財産の運用又は処分等が可能となります。

＊　成年後見制度により成年後見人が選任された場合には、基本的には財産の運用又は処分等を行うことができません。これは、成年後見制度は成年被後見人の財産を維持するために管理することが求められているためです。新たに投資など成年被後見人の財産を運用又は処分等をすることは、原則として

家庭裁判所から許可されません。

● 民事信託は何世代にもわたり財産の承継先を指定することが可能です（受益者連続型信託（Q1-50 参照）の場合には信託期間の制限があります）。

【民事信託のデメリット】

● 民事信託はあくまで委託者の信託財産の管理等を目的としているため、委託者が認知症などにより意思能力が低下した場合に施設への入所等の契約が必要なときには、成年後見人を選任する必要があります。

● 信託財産以外の委託者の財産については、受託者が管理等することはできません。そのため信託契約後に発生した財産などで信託契約に記載されていない財産について受託者が管理したい場合には、改めて信託契約が必要となります。

● Q1-45 でも説明したように、信託している不動産とその他の不動産とは損益通算できません。

❷ 成年後見制度

　認知症などの理由により意思能力が不十分な方は、不動産や預貯金などの財産を管理することや、介護サービス、施設への入所に関する契約を結んだり、遺産分割の協議を行ったりすることが困難な場合があります。また、自分に不利益な契約であっても判断が難しく契約を結んでしまうおそれもあります。このような意思能力の不十分な方々を後見人が保護し、サポートするための制度です。

　成年後見制度のメリットは、意思能力が低下した人が万が一悪徳業者に騙されて不利な契約をしてしまった場合でも、後見人が選任されていれば、後見人は取消権を行使できるため契約を取り消すことが可能になることです。

＊　民事信託では信託財産は受託者名義になるため、信託財産について、委託者が意思能力の低下により自分に不利な契約をすることはありません。しか

し受託者には取消権が無いため、信託財産以外の財産の契約については取り消すことはできません。

　また、成年後見制度は、本人の意思能力が低下した後でも親族が家庭裁判所に申立てできますが、民事信託は委託者本人の意思能力が低下した後には信託契約をすることはできません。

	民事信託	成年後見制度
メリット	①受託者は受託者の権限の範囲内で信託財産の運用・処分等を行うことができる ②家庭裁判所への申立てが必要ない ③何世代にもわたって財産の承継先を指定することが可能	①後見人は取消権を行使することができる ②本人の意思能力が低下した後でも、親族による家庭裁判所への申立てが可能
デメリット	①信託財産の管理等を目的としているため、委託者が認知症などにより意思能力が低下した場合に施設への入所等の契約が必要な場合には、成年後見人を選任する必要がある ②信託財産以外の財産については改めて信託契約が必要 ③委託者の意思能力が低下した後は信託できない ④信託不動産から生じた損失は不動産所得の計算上なかったものとみなし、損益通算禁止	①家庭裁判所への申立てが必要となる ②年に1回、後見人は家庭裁判所へ財産状況の報告が必要 ③新たな投資など、財産の運用又は不動産の処分等をすることは原則としてできない

民事信託と遺言書

Q1-49 信託契約した信託財産が記載された遺言書が出てきたのですが、信託契約と遺言書ではどちらが優先されますか。

A 信託契約が優先されることになります。信託契約した後に遺言書を書いたのか、信託契約する前に遺言書を書いたのかで考え方は異なりますが、どちらの場合でも信託契約が優先されます。

❶ 信託契約した後に遺言書を書いた場合

委託者が信託した財産の所有権は、受託者に移転するため、受託者が信託財産の所有者となります。そのため委託者が遺言書に信託財産について記載したとしても、それは委託者の財産ではないので、効力はありません。

❷ 信託契約前に遺言書を書いた場合

民法1023条では、「前の遺言が後の遺言と抵触するときは、その抵触する部分については、後の遺言で前の遺言を撤回したものとみなす。」と規定されています。

また民法1023条2項では、「前項の規定は、遺言が遺言後の生前処分その他の法律行為と抵触する場合について準用する。」と規定されています。つまり、信託契約により所有権が受託者に移転したことが生前処分にあたるため、遺言に抵触する行為があったと考え、遺言を撤回したものとみなされます。

信託契約をしていれば遺言書を書く必要がないかというと、信託契約は生前に契約しているため、委託者が信託契約後に築いた財産については契約されていません。そのため信託契約後に築いた財産についても委託者の意思を残しておきたい場合には、遺言書を書いておく必要があります。

配偶者の認知症に備える民事信託
Q1-50 （受益者連続型信託）

　配偶者が認知症のため成年後見人が選任されています。私の相続人は配偶者と長男となります。配偶者は認知症のため、私の相続後には長男に財産の運用又は処分等を任せたいと考えています。どうすればよいでしょうか。

A　民事信託を活用し、配偶者が相続した財産の運用又は処分等を長男に任せることができます。

❶ 成年後見制度による制限

　Q1-48で説明したように、成年後見制度により成年後見人が選任された場合には、基本的には財産の運用又は処分等を行うことができません。これは、成年後見制度は成年被後見人の財産を維持するために管理することが求められているためです。新たに投資など成年被後見人の財産を運用又は処分等をすることは原則として家庭裁判所から許可されません。

　成年後見人は認知症になった人の財産を守る立場にあるため、本人の財産を守るような協議内容にしか応じることができないことになります。

　遺産分割の協議内容の目安としては、認知症となった人の法定相続分の割合が考えられます。この割合以上を本人が取得するような遺産分割協議の内容であれば、成年後見人としては問題ないと判断できますが、本人が法定相続分以下となってしまうと家庭裁判所の許可が下りない可能性があります。

　このように成年後見制度を利用した場合には、成年被後見人の財産を守るため、成年被後見人以外の相続人に財産の管理又は処分を任せることができません。

❷ 受益者連続型信託とは

　このような場合には、成年被後見人を受益者として受益者連続型信託を利用すれば、被相続人が亡くなった後の相続だけでなく、その後の相続についても受益者を指定することができます。

　受益者連続型信託の効力については、信託された時から30年を経過した後に受益権を取得した受益者が死亡した時点で信託は終了することになります（信託法91条）。

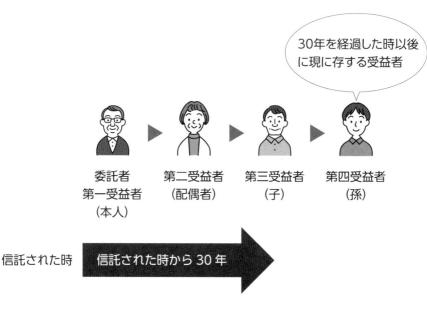

30年を経過した時以後に現に存する受益者

委託者
第一受益者
（本人）

第二受益者
（配偶者）

第三受益者
（子）

第四受益者
（孫）

信託された時　　信託された時から30年

30年経過した後に受益権を取得した第四受益者の孫
が死亡した時点で信託は終了

　また、財産の管理が困難な障害を抱える子がいる場合などは、介護、療養、施設入所等の費用や生活費などを親が亡くなった後に子が管理することが難しいです。こんな時は委託者自身を第一受益者とし、委託者が亡くなった後は配偶者を第二受益者とし、配偶者が亡くなった後は障害のある子を第三受益者とする受益者連続信託を遺言代用信託で設定します。信頼

できる受託者に財産の管理をしてもらうことで、親が亡くなった後も財産の管理又は処分等が可能となります。

用語カイセツ ▶ **遺言代用信託** ─────────────

　遺言代用信託とは、民事信託の一つで、委託者は生前に受託者と委託者自身を受益者とする信託契約を締結し、委託者の死後、委託者が指定した者に受益権を承継させる信託契約です。

　遺言代用信託は信託契約であるため、本人が指定した者に確実に引き継ぐことができます（遺言の場合は、遺言の内容に相続人から不満が出れば遺言の内容を撤回し遺産分割協議になる可能性があります）。

　また、委託者が受益者として指定した者に障害又は介護が必要な状態で財産の管理が困難である場合は、受託者が財産の管理をすることができるというメリットもあります。

　ただし、受託者が使い込みや浪費をする可能性もあるというデメリットがあります。

民事信託を利用した場合の登録免許税

Q1-51 民事信託の設定等をした場合の登録免許税はどうなりますか。

A 登録免許税の取扱いについては、①信託設定時、②受益者の変更時、③信託の終了時により異なります。

❶ 信託設定時

信託を利用し不動産の所有権を委託者から受託者に移転させる場合には、売買や贈与により所有権を移転する時と同じで登録免許税が課せられます。

信託を設定した場合には、「受託者へ所有権が移転したことによる所有権移転登記」及び「信託を設定したことによる信託登記」を行うことになります。

信託を設定したことによる委託者から受託者への所有権移転登記に係る登録免許税は非課税となります（登録免許税法7条1項・同7条1項1号）。

信託登記についての登録免許税は、土地の場合には固定資産税評価額の3/1000（令和8年3月31日まで）、建物の場合には固定資産税の評価額の4/1000となります。

登記目的	不動産の種類	登録免許税率
所有権の移転	土地	非課税
	建物	非課税
信託	土地	3/1000※
	建物	4/1000

※令和8年3月31日まで

❷ 受益者の変更時

受益者連続型信託を利用したり、受益権の贈与をしたりすると、受益者

が変更されることがあります。受益者が変更される場合、所有権移転登記は行いません。これは、受益権が変更されても所有権は移転しないためです。

受益者変更登記の登録免許税は、不動産1個につき1,000円となります。

登記目的	不動産の種類	登録免許税率
所有権の移転	土地	―
	建物	―
受益者の変更	土地	不動産1個につき 1,000円
	建物	不動産1個につき 1,000円

受託者が死亡したことにより所有権移転登記をする場合にも、登録免許税は非課税となります。

これは、登録免許税を課さないものとして、登録免許税法7条1項3号において「受託者の変更に伴い受託者であった者から新たな受託者に信託財産を移す場合における財産権の移転の登記又は登録」と規定されているためです。

❸ 信託の終了時

委託者及び受益者の合意解除など、信託契約で定めた事由が発生したときに信託の終了となります。

信託が終了し帰属権利者に所有権が移転する時の登録免許税は、固定資産税評価額の20/1000となります。また、信託登記抹消の登録免許税は不動産1個につき1,000円となります。

ただし、以下の3要件全てに該当する場合は相続による財産の移転とみなされ、所有権移転の登録免許税は固定資産税評価額の4/1000となりま

す（登録免許税法7条2項）。

① 受託者から受益者（帰属権利者）に所有権を移転すること
② 信託の効力発生時から引き続き委託者のみが信託財産の元本の受益者であること
③ 受益者（帰属権利者）が信託の効力発生時における委託者の相続人であること

　また、信託の効力が生じた時から引き続き委託者のみが信託財産の元本の受益者である信託財産を、信託の終了により受託者から委託者に所有権を移転する場合には、所有権移転に係る登録免許税は非課税となります（登録免許税法7条1項2号）。

登記目的	不動産の種類	登録免許税率
所有権の移転	土地	20/1000※
	建物	20/1000※
信託の抹消	土地	不動産1個につき1,000円
	建物	不動産1個につき1,000円

※・相続による財産権の移転とみなされる場合には4/1000
　・信託終了による受託者から委託者への所有権移転は非課税

　登録免許税は信託を活用することで抑えることも可能です。

❹ 相続時精算課税制度を利用して受益権を贈与した場合

　相続時精算課税制度は、生前贈与の方法の一つとなります。相続時精算課税制度では、2,500万円の特別控除額があるため、2,500万円までの生前贈与について贈与税は課税されないことになります（相続時精算課税制度については Q1-3 参照）。

相続時精算課税制度を利用して受益権を贈与することで登録免許税を抑えることができ相続税を減額することも可能です。ただし、相続時精算課税制度にはメリット・デメリットもあるため適用する際には注意が必要です。

事例

【相続時精算課税制度を利用して建物を贈与した場合】

建物の時価：25,000,000 円

建物の固定資産税評価額：17,500,000 円

建物の利用状況：共同住宅

贈 与 者：A

受 贈 者：A の長男

所有権移転に伴う登録免許税　$17,500,000 円 \times \dfrac{20}{1000} = 350,000 円$

【相続時精算課税制度を利用して受益権を贈与した場合】

建物の時価：25,000,000 円

建物の固定資産税評価額：17,500,000 円

建物の利用状況：共同住宅

委 託 者：A

受 託 者：A

受 益 者：A

受益権を A の長男に贈与

贈 与 者：A

受 贈 者：A の長男

信託設定に伴う登録免許税　$17,500,000 円 \times \dfrac{4}{1000} = 70,000 円$

　上記の事例では、相続時精算課税制度を利用して受益権を贈与した方

が、登録免許税を低く抑えることが可能です。

　ただし、受益者連続型信託を利用して信託された時から30年を経過した後に、受益権を取得した受益者が死亡したことにより信託終了となった場合など信託が終了した場合には、固定資産税評価額の20/1000の登録免許税が課されます。

　建物は価値が減価するため、信託終了の際は信託設定時よりも建物の固定資産税評価額は低くなっています。

　なお、相続時精算課税制度を適用した場合には相続が発生した際、相続時精算課税制度を適用した時点での評価額が相続税に加算されるため、相続税が課税される場合には注意が必要です。

民事信託を利用した場合の不動産取得税

Q1-52 民事信託の設定等をした場合の不動産取得税はどうなりますか。

 A 不動産取得税については、信託の終了時の帰属権利者が誰なのかにより課税関係が異なります。

❶ 信託設定時

信託設定時には、委託者から受託者に所有権が移転しますが、不動産取得税は課税されません（地方税法73条の7・同73条の7の3号）。

これは、形式的な所有権の移転について不動産取得税は非課税となるためです。

❷ 信託終了時

信託の効力が生じた時から委託者であり、委託者から相続した相続人である帰属権利者が不動産を取得した場合には、不動産取得税は課税されません（地方税法73条の7・同73条の7の4号）。

第7節 特別寄与請求権

特別寄与とは

Q1-53 特別寄与とは何ですか。

A 　相続人以外の親族が、被相続人の財産形成に特別の貢献をした場合や、無償で被相続人の介護や看護をし、被相続人の財産の維持又は増加に貢献したことが認められた場合に、特別の寄与をしたと認められます。特別の寄与をした親族は、相続の開始後、相続人に対して特別寄与料を請求することができます。

---

❶ 特別寄与とは

　従来も「寄与分」という制度がありましたが、これを主張できるのは相続人に限られていました。

　そのため、相続人の妻や、被相続人の兄弟姉妹など相続人以外の親族が被相続人の面倒をみていた場合、寄与分の請求をすることができず不公平であるとされていました。

　そこで、相続人ではなくても、親族である人が無償で被相続人の介護や看護をし、被相続人の財産の維持又は増加に貢献したことが認められた場合などには、特別の寄与に応じた金銭の請求が認められることになりました。

　特別寄与料は、民法の改正により、令和元年7月1日以降に開始した相続について請求できるようになりました。

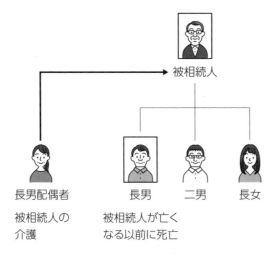

被相続人

長男配偶者
被相続人の
介護

長男
被相続人が亡く
なる以前に死亡

二男

長女

従来は、相続人ではない長男の配偶者は遺産を相続することができませんでしたが、特別寄与制度の創設により、特別寄与料を請求することができるようになりました。

❷ 特別寄与者と認められるための条件

特別寄与者になるためには、いくつか条件があります。

① 被相続人の介護や看護などに無償で貢献したこと

② 被相続人の財産の維持又は増加について特別の寄与をしたこと

③ 被相続人の親族（相続人を除く）であること

ここでいう親族とは、6親等内の血族、配偶者、3親等内の姻族をいいます。

また、相続人は特別寄与者ではありません。相続人が貢献をした場合、通常の「寄与分」が認められるためです。相続放棄をした人や相続廃除された人も、特別寄与者にはなりません。

被相続人に借金などの債務がある場合、相続人は債務を引き継ぎますが、特別寄与者は相続人ではありませんので、債務を引き継ぐことはありません。

特別寄与料の算定

Q1-54 特別寄与料はどのように算定するのですか。

A 　特別寄与料は原則として当事者間の協議によって決まります。そのため当事者間での合意があれば金額に決まりはありません。しかし、特別寄与料の額は、被相続人が相続開始の時において有した財産の価額から遺贈の価額を控除した残額を超えることができません。

　特別寄与者は、相続人に対して特別寄与料を請求できますが、当事者間で協議をして協議が調う必要があります。

　協議が調わない場合には、特別寄与者は、家庭裁判所に対して協議に代わる処分を請求することができます（民法 1050 条 2 項）。

　特別寄与料請求の期限は、相続が開始したこと及び相続人を知った時から 6 か月以内、又は相続開始から 1 年以内となります。

　協議や調停で特別寄与料の額が決まらない場合には、特別寄与料の額を定める審判に移行して、特別寄与料の額を確定することになります（民法 1050 条 3 項）。

事例

被相続人：父

相 続 人：長男、二男

特別寄与者：長男の配偶者

相続開始日：令和 2 年 9 月 20 日

遺　　産：預貯金 4,000 万円

特別寄与料：預貯金 500 万円

遺産分割：法定相続分で相続

この場合長男、二男は 4,000 万円から特別寄与料の 500 万円を控除した 3,500 万円を長男と二男で分けることとなります。

　この事例では法定相続分で相続しますので、長男 1,750 万円、二男 1,750 万円、長男の配偶者 500 万円となります。

遺贈がある場合の特別寄与料

Q1-55

遺贈がある場合、特別寄与料の額はどのようになりますか。

A 遺贈があった場合には、遺贈を優先することになります。

特別寄与料の額は、被相続人が相続開始の時において有した財産の価額から遺贈の価額を控除した残額を超えることができません（民法 1050 条 4 項）。

事例

被相続人：父

相 続 人：長男、二男

特別寄与者：長男の配偶者

受 遺 者：二男の配偶者

相続開始日：令和 2 年 9 月 20 日

遺　　産：預貯金 4,000 万円

遺　　贈：預貯金 1,000 万円

遺産分割：法定相続分で相続

この場合、遺贈によって二男の配偶者は 1,000 万円を受け取ります。

特別寄与料の額は、被相続人が相続開始の時において有していた財産の価額から遺贈の価額を控除した残額を超えることができませんので、4,000 万円から遺贈の価額 1,000 万円を控除した 3,000 万円を限度として特別寄与料の額を決めることとなります。

特別寄与料と課税関係

Q1-56 特別寄与料がある場合の課税関係はどのようになりますか。

A 特別寄与料は被相続人から遺贈により取得したとみなされるため、相続税が課税されます。

　特別寄与料の額が確定した場合、特別寄与者はその特別寄与料を遺贈により取得したものとみなされるため、相続税が課税されます（相続税法4条2項）。

　この場合特別寄与者は相続人ではないため、基本的には相続税の2割加算（**Q1-15**参照）の対象となります。ただし、被相続人の両親が特別寄与者である場合には、一親等の血族であるため、2割加算の対象となりません。

　特別寄与者は、特別寄与料が確定し相続税の納税義務が生じた場合には、特別寄与料が確定したことを知った日の翌日から10か月以内に相続税の申告書を提出しなければなりません。

　また、特別寄与料を支払う相続人は、支払う特別寄与料について債務控除することができます（相続税法13条4項）。

　特別寄与料の支払いが相続税申告期限後に確定した場合には、特別寄与料の支払いが確定した日の翌日から4か月以内であれば、更正の請求（18ページ参照）が可能となります（相続税法32条1項7号）。

第8節 配偶者居住権

配偶者居住権及び配偶者短期居住権とは
Q1-57　配偶者居住権とは何ですか。

A　配偶者居住権とは、被相続人の配偶者が居住してきた建物を配偶者が亡くなるまで又は一定期間、その配偶者が無償で使用することができる権利のことです。

❶ 制度の概要

　被相続人が亡くなった場合、配偶者は今まで居住していた建物に引き続き居住する場合がほとんどです。しかし、以前は、配偶者が今まで居住していた建物に住むことができる権利はありませんでした。そのため、配偶者が引き続き建物に居住するためには、建物の所有権を相続する必要がありました。

　しかし、建物の所有権を相続することにより配偶者はそれ以外の財産を相続する金額が少なくなり、その後の生活に支障をきたすおそれがありました。

　また、配偶者が居住していた土地建物以外に他の相続人に分割する遺産が無い場合には、居住していた土地建物を売却して分割する現預金を捻出しなければならないなどの問題がありました。

　そこで、配偶者保護の観点より、配偶者が今まで居住していた建物に引き続き居住を希望する場合には、その建物の所有権を取得しなくても配偶者に無償で居住する権利を与えることにより、現預金等のその他の遺産を相続する余地を与え、被相続人が亡くなった後も配偶者が安定した生活を送れるようにするために、「配偶者居住権」の制度が創設されました。

事例

【配偶者居住権の創設前】

被相続人：父

相　続　人：配偶者、長男

遺　　　産：居住用土地建物 5,000 万円

　　　　　　現預金 5,000 万円

　この場合、被相続人の法定相続分は配偶者 2 分の 1、長男 2 分の 1 となります。配偶者は居住していた土地建物に引き続き居住したいため配偶者が土地建物を相続した場合、法定相続分で遺産分割するには預貯金 5,000 万円は長男が相続することになります。そのような遺産分割になると配偶者はその後の生活に支障をきたすおそれがあります。

事例

【配偶者居住権の創設後】

被相続人：父

相　続　人：配偶者、長男

遺　　　産：居住用土地建物 5,000 万円（居住権 2,000 万円　負担付所有権 3,000 万円）

　　　　　　現預金 5,000 万円

法定相続分：配偶者 2 分の 1　長男 2 分の 1

➡遺産分割：配偶者　居住権 2,000 万円＋現預金 3,000 万円

　　　　　　長男　　負担付所有権 3,000 万円＋現預金 2,000 万円

　このように、法定相続分で遺産分割が行われる場合でも、配偶者は現預金等のその他の遺産を相続することができ、安定した生活を送ることが可能となります。

❷ 配偶者居住権と配偶者短期居住権

　配偶者居住権は、遺産分割、遺贈によって取得することができる権利となります。配偶者居住権の存続期間は、別段の定めがある場合を除き、基本的には配偶者の終身の間となります（民法1030条）。

　それに対し配偶者短期居住権は、相続開始時に自動的に発生します。遺言や遺産分割によって権利を取得させる必要はありません。相続開始時に居住していた建物に無償で住んでいた配偶者は、一定期間無償で使用することができる権利です。ここでいう一定期間とは、居住建物について配偶者を含む共同相続人間で遺産の分割をすべき場合には、①遺産分割により居住建物の帰属が確定した日　②相続開始時から6か月を経過する日のいずれか遅い日まで（民法1037条）をいいます。

　配偶者が居住していた建物を第三者が取得すると、配偶者は建物を明け渡さなければなりません。直ちに明け渡さなければならないとなると配偶者の負担となるため、遺産分割が成立するまで又は相続開始時から6か月を経過する日のいずれか遅い日までという期間を設けることで、配偶者の短期的な居住権を保護することとしています。

　また、配偶者居住権は遺産分割などにより取得しますので登記が必要となりますが、配偶者短期居住権は遺産分割などが必要とならないため、登記は必要ありません。

Q1-58 配偶者居住権の要件

配偶者居住権、配偶者短期居住権の成立要件は何ですか。

A　配偶者居住権の成立要件は次の３つです。
① 　被相続人の配偶者であること
② 　配偶者は被相続人が所有していた建物に相続開始時に居住していたこと
③ 　遺産分割又は遺贈により取得したこと
　配偶者短期居住権の成立要件は、「被相続人名義の居住用の建物に相続開始の時に無償で居住していたこと」です。

成立要件は上記 **A** の通りですが、いくつか留意点があります。

❶ 居住用建物が被相続人以外の人との共有になっていた場合

被相続人の配偶者は、被相続人の財産に属した建物に相続開始の時に居住していた場合において、遺産分割又は遺贈により配偶者居住権を取得したときは、その居住建物の全部について無償で使用及び収益をする権利を取得します（民法 1028 条 1 項）。居住用の建物が被相続人と配偶者とで共有となっていた場合であっても、配偶者居住権の設定は可能です。

ただし、被相続人と配偶者以外の者とで共有となっていた建物であれば配偶者居住権の設定はできません（民法 1028 条 1 項ただし書き）。

これは、被相続人の遺言や相続人の遺産分割によって、配偶者以外の者に配偶者による無償の居住を強制するという負担を生じさせることはできないためです。

❷ 配偶者と他の相続人が共有で相続する場合

配偶者と共同相続人が居住建物について共有で持分を有することになった場合でも、配偶者居住権は成立します（民法 1028 条 2 項）。

例えば、遺言により被相続人から配偶者に配偶者居住権が遺贈されたが、居住建物の所有権については何ら遺言に記載がない場合に、配偶者と共同相続人（子など）が共有で相続することになった場合などであっても配偶者居住権は成立します。

❸ その他の留意点

① 　家庭裁判所の審判によっても配偶者居住権が成立することがあります。遺産の分割の請求を受けた家庭裁判所は、共同相続人間に配偶者が配偶者居住権を取得することについて合意が成立しているとき又は配偶者が家庭裁判所に対して配偶者居住権の取得を希望する旨を申し出た場合において、居住建物の所有者の受ける不利益の程度を考慮してもなお配偶者の生活を維持するために特に必要があると認めるときに限り、審判により配偶者に配偶者居住権を取得する旨を定めることができます（民法1029条）。

② 　配偶者居住権は、配偶者がその居住建物の全部について無償で使用及び収益をする権利であることから、配偶者が居住建物の一部しか使用していなかった場合であっても、配偶者居住権の効力は居住建物全部に及ぶこととなります。つまり、配偶者が居住の用に供していた範囲と、配偶者居住権の効力が及ぶ範囲とが異なる場合があります。

③ 　配偶者居住権が設定されていても、建物の所有者の承諾があればその建物を第三者に賃貸することもできます。その賃料は配偶者に帰属します。

配偶者居住権の消滅と課税関係

Q1-59
配偶者居住権はいつ消滅するのですか。また、消滅した際の課税関係はどうなりますか。

A 配偶者居住権の消滅事由は次の4つです。
① 配偶者の死亡又は存続期間の満了
② 配偶者が建物所有権を取得した時
③ 建物の全部が滅失した時
④ 建物所有者が消滅請求をした時
配偶者居住権が消滅した際の課税関係は、消滅事由により異なります。

❶ 配偶者の死亡又は存続期間の満了

配偶者居住権は配偶者のみの権利となりますので、相続人に承継されることはありません。また遺産分割協議などにより存続期間の定めがある場合には、存続期間が満了した時点で消滅し、延長や更新はできません。

配偶者の死亡により配偶者居住権が消滅したとしても相続税は課税されません。また、配偶者の生存中に配偶者居住権の存続期間が満了したとしても贈与税は課税されません。

❷ 配偶者が建物所有権を取得した時

配偶者が建物全部の所有権を取得した場合には配偶者居住権は消滅します。全ての所有権を取得した場合には、配偶者が所有者となり、居住権が必要なくなるためです。

配偶者に建物所有権の贈与があった場合には、配偶者（受贈者）に贈与税が課税されます。所有権の譲渡があった場合には、所有権の譲渡者に譲渡所得税が課税されます。

なお、民法1032条2項では、「配偶者居住権は、譲渡することができない」と規定されています。配偶者居住権は配偶者の一身専属権となります

ので、第三者への譲渡はできないことになっています。

　配偶者居住権の譲渡はできませんが、配偶者居住権の放棄又は合意解除は可能となっています。

　配偶者居住権の放棄又は合意解除があった場合には、配偶者から贈与があったものとみなされ、居住建物の所有者に対して贈与税が課税されます。

❸ 建物の全部が滅失した時

　建物の全部が滅失したことにより使用収益できなくなった場合は、配偶者居住権は消滅します。

　建物の全部が滅失した場合には、課税関係は生じません。

❹ 建物所有者が消滅請求をした時

　配偶者に義務違反（居住建物の所有者に承諾を得ないで居住建物の改築や増築をするなど）があり、居住建物の所有者が相当の期間を定めてその是正の催告をし、その期間内に是正がされないときは、居住建物の所有者は、配偶者に対する意思表示によって配偶者居住権を消滅させることができます（民法1032条4項）。

　配偶者居住権が建物所有者の意思表示によって消滅した場合には、建物所有者に贈与税が課税されます（相続税法基本通達9-13の2）。

配偶者居住権の登録免許税

Q1-60　配偶者居住権の設定登記の際に登録免許税はいくらになりますか。

　A　建物の固定資産税評価額の1000分の2となります。

　配偶者居住権は建物に設定しますので、配偶者居住権の登記も建物に行います。配偶者居住権が設定された建物の土地について、配偶者は土地の利用権を持つことになりますが、土地について登記はできません。

　また、配偶者短期居住権は登記設定することはできません。

配偶者居住権の固定資産税

Q1-61 配偶者居住権を設定した場合、固定資産税は誰が負担することになりますか。

A 固定資産税は原則として所有者に課税されます。しかし、民法の規定により建物の固定資産税は配偶者が納付するべきものとなります。

　固定資産税は、原則として不動産の所有者に課税されます。しかし、民法1034条1項では「配偶者は、居住建物の通常の必要費を負担する。」と規定されているため、居住用建物の固定資産税や維持管理のための修繕費等は配偶者が負担することになります。

　そのため、所有者が固定資産税や維持管理のための修繕費等を負担した場合には、配偶者に請求することができます。

　配偶者居住権が設定された土地の固定資産税については、所有者が負担するものと考えられます。これは、土地の固定資産税については居住建物の通常の必要費ではないと考えられるためです。

　配偶者は、居住建物の「通常の必要費」を負担することになるため、居住建物の大規模修繕等については「通常の必要費」に含まれず、所有者が原則として負担することになります。

Q1-62 配偶者居住権の評価

配偶者居住権は、相続税申告の際にどのように評価するのですか。

A 配偶者居住権が設定された場合には、
① 配偶者居住権
② 居住建物の所有権
③ 居住建物の敷地利用権
④ 居住建物の敷地所有権
の4つに分けて評価することになります。

建物	取得者	権利
	① 配偶者	配偶者居住権
	② 他の相続人	建物所有権
土地	③ 配偶者	敷地利用権
	④ 他の相続人	敷地所有権

❶ 配偶者居住権

配偶者居住権の評価は次の通りとなります。

$$\text{居住建物}\\\text{の相続税}\\\text{評価額} - \text{居住建物}\\\text{の相続税}\\\text{評価額} \times \frac{\text{耐用年数}-\text{経過年数}-\text{存続年数}}{\text{耐用年数}-\text{経過年数}} \times \text{存続年数に応じた}\\\text{法定利率による}\\\text{複利現価率}$$

(1) 居住建物の相続税評価額

居住建物の相続税評価額となりますので、固定資産税評価額を基に計算することになります。

(2) 耐用年数

耐用年数は法定耐用年数に1.5を乗じた年数により計算します。6月以

上の端数は1年とし、6月に満たない端数は切り捨てます。

⑶　経過年数

　経過年数は、居住建物の新築時点から配偶者居住権の設定時点までの年数となります。6月以上の端数は1年とし、6月に満たない端数は切り捨てます。

　経過年数は相続開始日時点ではなく、配偶者居住権の設定時点までとなります。

⑷　存続年数

　存続年数は、配偶者居住権が存続する年数として政令で定める年数をいいます。6月以上の端数は切り上げ、6月未満の端数は切り捨てます。

　配偶者居住権の存続年数を配偶者の終身の間とする場合には、配偶者居住権が設定された時点での平均余命年数が存続年数となります。平均余命年数は、厚生労働省が公表している「完全生命表」で算定することになります。

　配偶者居住権の存続期間に定めがある場合には、配偶者居住権が設定された時点から、配偶者居住権の存続期間満了の日までの年数が存続年数となります。

⑸　存続年数に応じた法定利率による複利現価率

　複利現価率は次の算式により計算します（小数点以下3位未満は四捨五入）。

$$1 \div (1+r)^n$$

　　r＝法定利率（令和5年4月1日時点より年3％となります。3年を1
　　　期として1期ごとに法定利率は変動します。）
　　n＝存続年数

算式により計算した複利現価率は192ページの通りとなります。

平均余命年数

男性						女性					
年齢	平均余命	端数処理後	年齢	平均余命	端数処理後	年齢	平均余命	端数処理後	年齢	平均余命	端数処理後
40	42.50	43	71	15.36	15	40	48.37	48	71	19.59	20
41	41.54	42	72	14.63	15	41	47.39	47	72	18.73	19
42	40.58	41	73	13.92	14	42	46.42	46	73	17.89	18
43	39.62	40	74	13.23	13	43	45.45	45	74	17.05	17
44	38.67	39	75	12.54	13	44	44.49	44	75	16.22	16
45	37.72	38	76	11.87	12	45	43.52	44	76	15.40	15
46	36.78	37	77	11.22	11	46	42.56	43	77	14.59	15
47	35.84	36	78	10.58	11	47	41.60	42	78	13.79	14
48	34.90	35	79	9.95	10	48	40.65	41	79	13.01	13
49	33.97	34	80	9.34	9	49	39.70	40	80	12.25	12
50	33.04	33	81	8.74	9	50	38.75	39	81	11.50	12
51	32.12	32	82	8.17	8	51	37.80	38	82	10.77	11
52	31.21	31	83	7.62	8	52	36.86	37	83	10.07	10
53	30.30	30	84	7.09	7	53	35.92	36	84	9.38	9
54	29.40	29	85	6.59	7	54	34.99	35	85	8.73	9
55	28.50	29	86	6.11	6	55	34.06	34	86	8.10	8
56	27.61	28	87	5.66	6	56	33.12	33	87	7.49	7
57	26.73	27	88	5.24	5	57	32.19	32	88	6.91	7
58	25.85	26	89	4.85	5	58	31.27	31	89	6.37	6
59	24.98	25	90	4.49	4	59	30.35	30	90	5.85	6
60	24.12	24	91	4.15	4	60	29.42	29	91	5.37	5
61	23.27	23	92	3.83	4	61	28.51	29	92	4.92	5
62	22.43	22	93	3.55	4	62	27.59	28	93	4.50	5
63	21.60	22	94	3.29	3	63	26.68	27	94	4.12	4
64	20.78	21	95	3.06	3	64	25.78	26	95	3.78	4
65	19.97	20	96	2.86	3	65	24.88	25	96	3.48	3
66	19.16	19	97	2.68	3	66	23.98	24	97	3.21	3
67	18.37	18	98	2.51	3	67	23.09	23	98	2.96	3
68	17.60	18	99	2.35	2	68	22.20	22	99	2.73	3
69	16.84	17	100	2.21	2	69	21.32	21	100	2.53	3
70	16.09	16	101	2.07	2	70	20.45	20	101	2.34	2

（注）厚生労働省第 23 回生命表（完全生命表）の概況をもとに作成

複利現価率（3%）

存続年数	端数処理後の複利現価率	存続年数	端数処理後の複利現価率
1	0.971	36	0.345
2	0.943	37	0.335
3	0.915	38	0.325
4	0.888	39	0.316
5	0.863	40	0.307
6	0.837	41	0.298
7	0.813	42	0.289
8	0.789	43	0.281
9	0.766	44	0.272
10	0.744	45	0.264
11	0.722	46	0.257
12	0.701	47	0.249
13	0.681	48	0.242
14	0.661	49	0.235
15	0.642	50	0.228
16	0.623	51	0.221
17	0.605	52	0.215
18	0.587	53	0.209
19	0.570	54	0.203
20	0.554	55	0.197
21	0.538	56	0.191
22	0.522	57	0.185
23	0.507	58	0.180
24	0.492	59	0.175
25	0.478	60	0.170
26	0.464	61	0.165
27	0.450	62	0.160
28	0.437	63	0.155
29	0.424	64	0.151
30	0.412	65	0.146
31	0.400	66	0.142
32	0.388	67	0.138
33	0.377	68	0.134
34	0.366	69	0.130
35	0.355	70	0.126

（出典）国税庁「配偶者居住権等の評価に関する質疑応答事例」（令和2年7月）

(2)耐用年数、(3)経過年数、(4)存続年数、(5)存続年数に応じた法定利率による複利現価率の内容及び端数処理をまとめた表は次の通りとなります。

耐用年数、経過年数、存続年数、平均余命及び複利現価率の端数処理

項　目	内　容	端数処理
耐用年数	耐用年数省令の年数×1.5	6月以上端数切上げ 6月未満端数切捨て
経過年数	建築日から配偶者居住権が設定された時までの経過年数	
存続年数	配偶者居住権が設定された時の配偶者の平均余命（又は配偶者居住権の存続年数）（3年ごとに見直し）	
平均余命	完全生命表（5年ごとに改訂）	小数点以下3位未満 四捨五入
複利現価率	$1 \div (1 + r)^n$ r：法定利率 n：配偶者居住権の存続年数	

（参考）譲渡所得の計算における非事業用資産の耐用年数の端数処理は、1年未満切捨てとされていますので、注意してください（所令85）。

（注）国税庁「配偶者居住権等の評価に関する質疑応答事例」（令和2年7月）をもとに作成

また、居住建物の一部が賃貸の用に供されている場合又は被相続人が相続開始の直前において居住建物をその配偶者と共有していた場合には、次の算式により計算した金額となります。

居住建物が賃貸の用に供されておらず、かつ共有でないものとした場合の相続税評価額 × $\dfrac{\text{賃貸の用に供されている部分以外の部分の床面積}}{\text{居住建物の床面積}}$ × 被相続人が有していた持分割合

❷ 居住建物の所有権

居住建物の所有権の評価は次の通りとなります。

居住建物の相続税評価額 － 配偶者居住権の価額

居住建物の相続税評価額から、❶で計算した配偶者居住権の価額を引いた金額が居住建物の所有権の評価額となります。

❸ 居住建物の敷地利用権

　敷地利用権の評価は次の通りとなります。

居住建物の敷地の
用に供される土地　−　
の相続税評価額

居住建物の敷地の
用に供される土地　×　
の相続税評価額

存続年数に応じた法定
利率による複利現価率

　敷地利用権の評価額は、相続税申告の際に通常行う土地評価による相続税評価額から、その相続税評価額に複利現価率を乗じた金額を引いた金額となります。

　また、居住建物の一部が賃貸の用に供されている場合又は被相続人が相続開始の直前において居住建物の敷地を他の者と共有し、もしくは居住建物をその配偶者と共有していた場合には、次の算式により計算した金額となります。

居住建物が賃貸の用
に供されておらず、　−
かつ土地が共有で
ないものとした場合
の相続税評価額

居住建物の賃貸の用
に供されている部分
以外の部分の床面積
─────────────　×
居住建物の床面積

被相続人が有していた
居住建物の敷地の持分
割合と当該建物の持分
割合のうちいずれか低
い割合

❹ 居住建物の敷地所有権

　居住建物の敷地所有権の評価は次の通りとなります。

居住建物の敷地の用に供さ　−　敷地利用権の価額
れる土地の相続税評価額

　居住建物の敷地所有権の評価額は、相続税申告の際に通常行う土地評価による相続税評価額から、❸の敷地利用権の価額を引いた価額となります。

被相続人：父

相 続 人：配偶者（妻）、長女

配偶者の年齢：70歳

遺　　産：居住用建物（相続税評価額2,000万円）、居住用敷地（相続税
評価額3,000万円）

遺産分割：配偶者が配偶者居住権を取得、長女が所有権を取得

配偶者居住権の存続期間：終身

居住建物の法定耐用年数：22年

経過年数：5年

①　配偶者居住権の評価

配偶者居住権の評価は、次の算式に当てはめます。

$$\text{居住建物の相続税評価額} - \text{居住建物の相続税評価額} \times \frac{\text{耐用年数}-\text{経過年数}-\text{存続年数}}{\text{耐用年数}-\text{経過年数}} \times \text{存続年数に応じた法定利率による複利現価率}$$

$$20,000,000\text{円} - 20,000,000\text{円} \times \frac{22\text{年}\times1.5-5\text{年}-20\text{年}^{※}}{22\text{年}\times1.5-5\text{年}}$$

$$\times\ 0.554\ =16,834,285\text{円}$$

※存続年数は6月以上の端数は切り上げ、6月未満の端数は切り捨てますので、
20.45年は切り捨てて20年となります。

②　居住建物の所有権

居住建物の所有権の評価は、次の算式に当てはめます。

居住建物の相続税評価額 － 配偶者居住権の価額

20,000,000円 － 16,834,285円（①の配偶者居住権の価額）

= 3,165,715円

③　居住建物の敷地利用権

居住建物の敷地利用権の評価は、次の算式に当てはめます。

居住建物の敷地の　　居住建物の敷地の　　　存続年数に応じた法定
用に供される土地　－　用に供される土地　×　利率による複利現価率
の相続税評価額　　　の相続税評価額

30,000,000円 － 30,000,000円 × 0.554 ＝ 13,380,000円

④　居住建物の敷地所有権

　居住建物の敷地所有権の評価は、次の算式に当てはめます。

居住建物の敷地の用に供さ　－　敷地利用権の価額
れる土地の相続税評価額

30,000,000円 － 13,380,000円（③居住建物の敷地利用権）
　＝ 16,620,000円

　配偶者は①**配偶者居住権**及び③**居住建物の敷地利用権**を取得することになります。

　16,834,285円 ＋ 13,380,000円 ＝ 30,214,285円

　長女は②**居住建物の所有権**及び④**居住建物の敷地所有権**を取得することになります。

　3,165,715円 ＋ 16,620,000円 ＝ 19,785,715円

配偶者居住権のメリット・デメリット

Q1-63　配偶者居住権のメリット・デメリットは何ですか。

A　税務上のメリットは、配偶者が亡くなると配偶者居住権及び敷地利用権は消滅するため、2次相続で配偶者居住権及び敷地利用権が課税対象にならない点です。配偶者居住権を設定するかどうかで、2次相続の相続税が大きく変わります。
　　税務上のデメリットは、所有権を取得する相続人の持ち家の有無によっては、1次相続で所有権を相続するよりも2次相続で相続した方が、1次・2次相続の合計で検討すると有利になる可能性があります。

　配偶者居住権は、Q1-59 で説明したように、配偶者の死亡又は存続期間の満了等により消滅します。

　配偶者居住権は配偶者の一身専属権となりますので、配偶者が死亡した場合には配偶者居住権は消滅し、2次相続の相続税の計算上除かれることになります。

事例

被相続人：父

相　続　人：配偶者（妻）、長女

配偶者の年齢：70歳

遺　　　産：居住用建物（相続税評価額 2,000 万円）、居住用敷地（相続税評価額 3,000 万円）

遺産分割：配偶者が配偶者居住権を取得、長女が所有権を取得

配偶者居住権の存続期間：終身

居住建物の法定耐用年数：22 年

経過年数：40 年

配偶者居住権の評価

配偶者居住権評価の次の算式に当てはめます。

$$居住建物の相続税評価額 - 居住建物の相続税評価額 \times \frac{耐用年数-経過年数-存続年数}{耐用年数-経過年数} \times 存続年数に応じた法定利率による複利現価率$$

$$\frac{耐用年数-経過年数-存続年数}{耐用年数-経過年数}$$

$$\frac{22 年 \times 1.5 - 40 年 - 20 年}{22 年 \times 1.5 - 40 年}$$

この事例のように耐用年数を経過年数が超えている等の場合には、居住建物の相続税評価額＝配偶者居住権の評価額となるため、所有権の評価額は「0」となります。

そのため所有権を相続した長女は居住用建物の所有権を相続税評価額「0」で取得したことになり、存続期間が終身の場合には配偶者の死亡と同時に配偶者居住権及び敷地利用権は消滅しますので、2次相続では配偶者居住権及び敷地利用権は相続税の課税対象から除かれます。

つまり、この事例では、長女は居住建物を相続税評価額「0」で相続したことになります。

デメリットは、所有権を取得する相続人の持ち家の有無によって、小規模宅地等の特例で特定居住用宅地等に該当する宅地となるのかが異なってきます。こちらについては **Q3-9 敷地利用権及び敷地所有権に対する小規模宅地等の特例**で詳しく説明します。

第 2 章

遺産分割と
土地の評価

土地評価の基礎

Q2-1 相続税の土地の評価はどのように行うのですか。

A 相続税を計算する際の土地の評価方法には、路線価方式と倍率方式との2つの方法があります。路線価方式は路線価を使用して評価します。倍率方式では固定資産税評価額を使用して評価します。

❶ 路線価方式

路線価とは、道路に面している標準的な宅地の1m²当たりの価額をいいます。

この路線価に、土地の形状等による補正率と評価する土地の面積を乗じて土地の相続税評価額を算定します。

路線価図

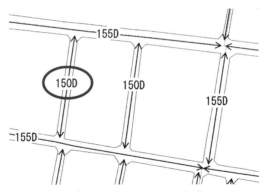

(注)国税庁「路線価図」をもとに作成

上図において、「150」は1m²当たりの路線価が150千円（150,000円）であることを示しています。

「D」は借地権割合を示しています。アルファベットと借地権割合の対応は以下の通りです。

記号	借地権割合		記号	借地権割合
A	90%		E	50%
B	80%		F	40%
C	70%		G	30%
D	60%			

　このように「D」は、借地権割合が60％であることを示しています。借地権割合は、土地を貸している場合や、アパート、マンションなどを建築して入居者に貸している場合などの評価の際に使用します。

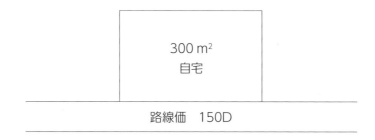

　このような土地の場合、路線価150,000円　土地の面積300 m^2 となりますので、

　相続税評価額＝150,000円×300 m^2＝45,000,000円　となります。

（注）土地の形状による各種補正率は考慮していません。

❷ 倍率方式

　倍率方式では、固定資産税評価額に一定の倍率を乗じて土地の相続税評価額を算定します。

倍率地域
（市街化調整区域）

（出典）国税庁「路線価図」

　上記のように路線価が付されていない地域については、倍率方式で相続税評価額を算定します。

令和5年分　　倍　率　表　　　1頁

市区町村名：○○市○○区　　　　　　　　　　　　○○税務署

音順	町（丁目）又は大字名	適用地域名	倍地積割合	固定資産税評価額に乗ずる倍率等						
			%	宅地	田	畑	山林	原野	牧場	池沼
お	○○町	市街化調整区域								
		1　特別緑地保全地区		—	—	—	中196	—		
		2　上記以外の地域	50	1.3	—	中82	中98			
		市街化区域	—	路線	比準	比準	比準	比準		
	○○町	市街化調整区域								
		1　農業振興地域内の農用地区域		—	純40	純53	—			
		2　特別緑地保全地区		—			中168	中168		
		3　上記以外の地域	50	1.3	中54	中109	中84	中84		

（注）国税庁「倍率表」をもとに作成

固定資産税評価額　20,000,000円　宅地倍率　1.3倍の場合
……相続税評価額＝20,000,000円×1.3＝26,000,000円

取得者が異なる場合

遺産分割による土地の取得によって評価単位が異なり、土地の評価額が異なる場合があるとのことですが、どのような場合に土地の評価額が異なるのでしょうか。

A 　土地の評価は、1筆単位で評価するのではなく、1利用単位ごとに評価します。ただし、遺産分割で土地が分割された場合には、原則として分割後の土地を取得者ごとに1画地として評価することになります。

　すなわち、土地が分割して取得された場合には、分割後の土地を1画地として評価して、当該評価の面積についても分割後の面積で判定することになります。

　土地を分割して取得しないで共有で取得した場合には、土地全体の面積で1画地として評価することになります。

例えば、下記の土地が遺産分割協議の対象だとします。

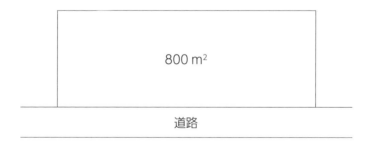

この土地を分筆し、A土地とB土地を配偶者と長男でそれぞれ取得したとします。

A 土地 配偶者が取得 400 m²	B 土地 長男が取得 400 m²

道路

　この場合、A 土地と B 土地は別評価となります。

　A 土地、B 土地を別々に取得する場合と、A 土地、B 土地を一体で取得する場合では、土地の評価額は異なります。

　三大都市圏では、500 m² 以上の地積の宅地で一定の要件に該当しない宅地※については、「地積規模の大きな宅地の評価」が適用できます。

　地積規模の大きな宅地の評価の対象となる宅地は、路線価に、奥行価格補正率や不整形地補正率などの各種画地補正率のほか、規模格差補正率を乗じて求めた価額に、その宅地の面積を乗じて計算した価額によって評価します。

評価額

　＝路線価 × 奥行価格補正率 × 不整形地補正率などの各種画地補正率
　　× 規模格差補正率（小数点以下第 2 位未満切捨て）× 地積（m²）

　規模格差補正率は、次の算式により計算します（小数点以下第 2 位未満は切り捨てます）。

$$規模格差補正率 ＝ \frac{A × B + C}{地積規模の大きな宅地の地積 A} × 0.8$$

　算式中の B 及び C は、地積規模の大きな宅地の所在する地域区分に応じて、それぞれ次に掲げる表の通りとなります。

(1) 三大都市圏に所在する宅地

地積	普通商業・併用住宅地区、普通住宅地区	
	B	C
500 ㎡以上 1,000 ㎡未満	0.95	25
1,000 ㎡以上 3,000 ㎡未満	0.90	75
3,000 ㎡以上 5,000 ㎡未満	0.85	225
5,000 ㎡以上	0.80	475

(2) 三大都市圏以外の地域に所在する宅地

地積	普通商業・併用住宅地区、普通住宅地区	
	B	C
1,000 ㎡以上 3,000 ㎡未満	0.90	100
3,000 ㎡以上 5,000 ㎡未満	0.85	250
5,000 ㎡以上	0.80	500

　「地積規模の大きな宅地の評価」が適用できるかどうかで、土地の評価額は大きく異なります。

　地積規模の大きな宅地の評価を適用するには 500 m² 以上の地積の宅地である要件があるため、A 土地、B 土地を配偶者と子で別々に取得した場合には適用することができません。

　それに対し、A 土地 B 土地を共有で取得した場合は以下のようになります。

```
┌─────────────────────────────────────┐
│                                      │
│      配偶者 1/2   長男 1/2            │
│      共有で取得した場合              │
│           800 m²                     │
│                                      │
└─────────────────────────────────────┘
─────────────────────────────────────────
              道路
─────────────────────────────────────────
```

　配偶者と長男が共有で取得した場合には、土地全体の地積である800 m² が 1 画地と判断されるため、地積規模の大きな宅地の評価を適用することができます。

　このように、どのように遺産分割するかによって土地の評価額は異なることとなります。

※　次の①から④のいずれかに該当する宅地は、地積規模の大きな宅地から除かれます。

　①　市街化調整区域（都市計画法 34 条 10 号又は 11 号の規定に基づき宅地分譲に係る同法 4 条 12 項に規定する開発行為を行うことができる区域を除きます）に所在する宅地

　②　都市計画法の用途地域が工業専用地域に指定されている地域に所在する宅地

　③　指定容積率が 400 ％（東京都の特別区においては 300 ％）以上の地域に所在する宅地

　④　財産評価基本通達 22-2 に定める大規模工業用地

　上の事例の詳しい計算過程は以下のとおりです。

事例

被相続人：父

相 続 人：配偶者、長男

地　　域：三大都市圏

地区区分：普通住宅地区
区域区分：市街化区域
用途地域：第一種低層住居専用地域
地　　積：800 m²
路 線 価：300,000 円
（注）奥行価格補正率や不整形地補正率等の各種画地補正率は 1 とします。

① A 土地 400 m²、B 土地 400 m² に分筆して A 土地を配偶者、B 土地を
　長男が取得した場合
　A 土地評価額　300,000 円×400 m²＝120,000,000 円
　B 土地評価額　300,000 円×400 m²＝120,000,000 円
　A 土地・B 土地 合計評価額
　　120,000,000 円＋120,000,000 円＝240,000,000 円

② 土地 800 m² を配偶者 2 分の 1、長男 2 分の 1 で共有取得した場合
　土地の評価額
　$300{,}000 \text{円} \times 800 \text{m}^2 \times \dfrac{800 \text{m}^2 \text{(A)} \times 0.95 \text{(B)} + 25 \text{(C)}}{800 \text{m}^2 \text{(A)}} \times 0.8$
　＝187,200,000 円

　①の A 土地、B 土地に分筆して取得する場合に比べ、②の共有で取得す
る場合とでは、評価額が 52,800,000 円異なることになります。

Q2-3 ## 相続人が単独所有地と共有地とで土地を取得した場合

　被相続人の土地を相続人が単独所有地と共有地とで取得した場合には、土地の評価はどのようにするのでしょうか。

 A　利用状況によって土地の評価が異なる場合があります。

① 被相続人及び配偶者の居宅、長男の居宅と利用状況が分かれている場合

　土地A及び土地Bは被相続人所有の土地です。

　被相続人所有の土地を、遺産分割により土地Aを配偶者、土地Bを配偶者が持分2分の1、長男が持分2分の1で取得したとします。

　配偶者は土地A及び土地B両方を取得していますが、土地Bは長男が持分2分の1を取得しています。土地は取得者ごとに評価することになる

ため、土地 A 及び土地 B は別評価となります。

② 被相続人、配偶者及び長男の居宅と利用状況が一緒の場合

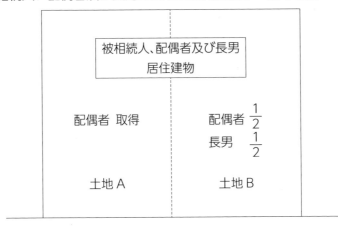

　土地 A 及び土地 B は被相続人所有の土地です。

　被相続人所有の土地を遺産分割により土地 A を配偶者、土地 B を配偶者が持分 2 分の 1、長男が持分 2 分の 1 で取得したとします。

　①と異なる点は、被相続人、配偶者及び長男の居住建物が土地 A 及び土地 B にまたがって建っていることです。

　このような場合には、単独所有地と共有地とで取得者が異なるため区別して評価するようにも思われますが、1 棟の建物等の敷地として一体で利用されている場合には、単独所有地と共有地とで各々利用することはできないと考えられるため、一体で評価することになります（下記〈参考〉参照）。

　また、例えば立体駐車場の敷地として一括で貸し付けられていたなど、遺産分割後も同一の用途として利用される可能性が高いと認められる状況にあり、一部が共有地であることによる使用、収益及び処分の制約が実質的にないものと認められる場合には、一部が共有地であったとしても、その利用状況、権利関係等から、全体を一つの評価単位により評価すること

になります。ただし簡易的な倉庫など土地の上の施設が簡単に除却できる場合には別評価する必要も考えられるため、どのような建物が建っているのか、構築物はどうなのかなど注意して判断する必要があります。

〈参考〉 平成24年12月13日国税不服審判所裁決

　他者と共有する土地（以下「共有地」という。）は、その使用等に当該他者の同意が必要であるなど、単独所有地とは異なる法律上の制約等があるため、そのことをもって単独所有地と区分して評価すべき場合が多いと考えられる。しかしながら、共有地であっても、遺産分割の前後を通じて単独所有地と同一の用途に供される蓋然性が高いと認められる状況にある場合、例えば、単独所有地と共有地とが一括して建物等の敷地として貸し付けられている場合には、当該遺産分割後に当該共有地だけを独立して別途の利用に供することは通常できないことから、このような場合においては、当該各宅地の使用等に関し、共有地であることによる法律上の制約等は実質的には認められず、単独所有地と区分して評価するのは相当でないと考えられる。したがって、共有地が含まれる宅地の場合には、当該宅地の利用状況や権利関係等諸般の事情を考慮して「1画地の宅地」を判定するのが相当である。

（国税不服審判所ホームページより）

複数の賃貸アパートが並んでいる場合

Q2-4　同一の敷地内に複数の貸家（被相続人所有の貸家）が建っている場合には、どのように評価しますか。遺産分割により当該土地は全て長男が相続します。

A　同一の敷地内に貸家が複数棟あるときは、原則として、1棟ずつ土地の評価をすることになります。

　土地は、1筆単位で評価するのではなく、1利用単位ごとに評価します。つまり貸家1棟ごと（1利用単位）に評価することが原則となります。長男が当該土地を全て相続すること及び利用状況は全て貸家であることから一体評価と判断しがちですが、原則として1棟ごとに評価することになります。

　所有者が所有する宅地を、貸家としてではなく自ら使用している場合は、居住用、事業用にかかわらず、その全体を1画地の宅地と評価します。これは、全体を自用で利用していると判断するためです。

　それに対し、貸家は1棟ごとに独立しており利用区分が異なるため、評価単位は分けて評価します。

　土地の評価は、原則として取得者が取得した宅地ごとに判定するため、遺産分割により評価額が異なることになります。ただし貸家等の場合には、取得者が同じでも利用区分が異なるため、評価単位を分けることになります。

事例

被相続人：父

相　続　人：配偶者、長男

遺　　　産：土地、建物（賃貸アパート）

遺産分割：長男が全てを相続

路　線　価：300,000 円
地　　　積：400 m²
間　　　口：10 m
奥　　　行：40 m
借地権割合：60%　借家権割合：30%※　賃貸割合：満室
地区区分：普通住宅地区

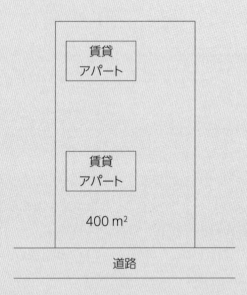

　この事例の場合には、2棟の賃貸アパートが1筆の宅地に建っています。

　長男が一人で当該土地を相続するため、「取得者が取得した宅地ごとに評価する」という原則からすると全て一体評価するかと思われますが、貸家は1棟ごとに独立しており利用区分が異なるため、この事例では2評価単位に分けて評価します。

※　借家権割合とは、賃貸アパートなど所有家屋を貸している場合に、土地や建物の相続税評価額から減額できる割合のことです。

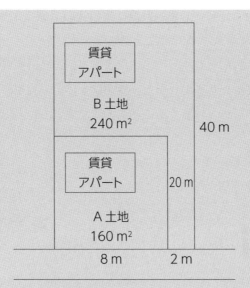

● A 土地

300,000 円（路線価）×1.0（奥行価格補正率）＝300,000 円

300,000 円×1.0（間口狭小補正率）×0.98（奥行長大補正率）
＝294,000 円

294,000 円×160 m²＝47,040,000 円

47,040,000 円×（1－60%（借地権割合）×30%（借家権割合）
×100%（賃貸割合））＝38,572,800 円

● B 土地

300,000 円（路線価）×0.91（奥行価格補正率）＝273,000 円

273,000 円×0.76（不整形地補正率）＝207,480 円

207,480 円×240 m²＝49,795,200 円

49,795,200 円×（1－60%（借地権割合）×30%（借家権割合）
×100%（賃貸割合））＝40,832,064 円

（注）本書では解説を割愛していますが、土地の奥行や形状などに応じて評価額
　　を調整するために定められている各種画地補正率を用いて計算しています。

上記の事例のように、1筆の土地に複数棟の貸家などがある場合には、1利用単位ごとに評価するため注意が必要です。

　土地の評価にあたっては、その利用状況や、建築計画概要書、測量図等を確認する必要があります。また、現在建っている貸家の容積率や建蔽率などにも注意しながら評価することが大切です。

権利が異なる場合

Q2-5

土地に設定されている権利が異なる場合には、どのように土地を評価しますか。

 A 権利ごとに評価することになります。

（注）コインパーキングは業者に一括で貸しています。

　この場合、A土地もB土地も配偶者が取得していますが、賃貸アパートでは借地権と借家権、コインパーキングでは賃借権と権利が異なるため別評価となります。

　ただし同じ駐車場でも、賃貸アパートの入居者のみが利用している駐車場の場合には、賃貸アパートと一体で評価することになります。

月極駐車場 | 賃貸アパート

配偶者 取得 | 配偶者 取得

A土地 | B土地

（注）入居者専用の駐車場

　上図において、月極駐車場が入居者専用の駐車場として利用されている場合には、駐車場の貸付けと賃貸アパートの貸付けとが一体であると認められ、駐車場と賃貸アパートは一体で利用されているものと考えられるため、駐車場と賃貸アパートとを一体で評価し、全体を貸家建付地として評価することになります。

不合理分割

Q2-6

遺産分割の内容によっては不合理分割と判断される場合があるそうですが、どのような場合を不合理分割というのでしょうか。また不合理分割の場合の評価はどうなるのでしょうか。

A　不合理分割とは、土地の分割が行われた際に、分割後の土地が宅地として通常の用途に使用できないような著しく不合理な分割のことをいいます。不合理分割と判断される場合には、分割前の土地を一画地の宅地として一体で評価することになります。

　土地を評価する場合には、原則として分割後の取得者ごと及び利用区分ごとにその土地を評価するため、遺産分割により土地の評価額を下げることが可能になります。そのため、課税の公平性の観点から、著しく不合理な分割と判断される場合には、分割前の土地を一画地の宅地として評価することになります。

❶ 不合理分割に該当する分割

　次のような分割を行った場合には、不合理分割と判断されることになります。

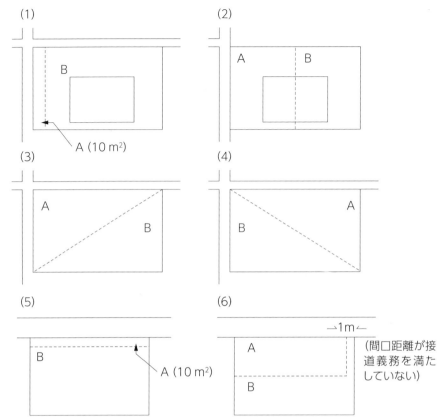

(1)

(2)

B

A (10 m²)

A | B

(3)

A

B

(4)

A

B

(5)

B

A (10 m²)

(6)

→1m←

A

B

(間口距離が接
道義務を満た
していない)

(注) 国税庁　質疑応答事例「宅地の評価単位－不合理分割 (1)」をもとに作成

　(1)は、A土地が著しく狭あいな画地で分割されており、通常の用途に使用するのは困難であるため、不合理分割となります。

　(2)は、B土地が無道路地となるため、不合理分割となります。

　(3)は、B土地が無道路地になること及びA土地、B土地が通常の用途に使用するには不向きな不整形地となるため、不合理分割となります。

　(4)は、無道路地にはなりませんが、A土地、B土地が通常の用途に使用するには不向きな不整形地となるため、不合理分割となります。

　(5)は、B土地が無道路地となること及びA土地が奥行短小な土地となり、通常の用途に使用するのは困難となることから、不合理分割となりま

す。

(6)は、B土地が間口の狭い土地となり接道義務を満たさず、有効な土地利用ができないと判断されるため、不合理分割となります。

不合理分割かどうかの判断基準としては、

(1) 分割することで無道路地となる宅地がある又は帯状地となる宅地がある場合

(2) 著しく狭小な土地となり通常の用途として利用が困難な宅地となる場合

(3) 分割時点だけでなく将来も有効に土地を利用することが著しく困難である場合

となります。

❷ 不合理分割に該当しない分割

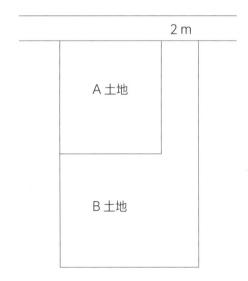

上図は、不合理分割に該当する分割(6)と似たような分割となります。ただし、(6)のB土地は、接道義務を満たさず有効な土地利用ができないと

判断されましたが、今回の事例では2mの接道義務を満たしています。上図のB土地は分割時点だけでなく将来も有効に土地を利用することが可能な分割となりますので、不合理分割には該当しません。

　不合理分割に該当するかどうかは、上記の3つの判断基準に該当するかどうかを検討し判断する必要があります。

第**3**章

小規模宅地等の特例

第1節 小規模宅地等の特例の基礎

小規模宅地等の特例とは

小規模宅地等の特例が適用できるか否かで相続税に大きな影響があると聞いたのですが、小規模宅地等の特例とは何ですか。

 小規模宅地等の特例とは、宅地等のうち一定の要件を満たしたもので、一定の面積までの部分について、土地の相続税評価額を減額することができる制度です。

　小規模宅地等の特例とは、相続や遺贈によって取得した財産のうち、その相続開始の直前において被相続人又は被相続人と生計を一にしていた被相続人の親族の事業の用又は居住の用に供されていた宅地等のうち一定の要件を満たしたもので、一定の面積までの部分については、相続税の課税価格を減額することができる制度です。

　被相続人が居住していた土地又は事業を行っていた土地について多額の相続税が課税されてしまうと、その土地を売却して相続税を納付しなければならないなどのおそれが出てきます。被相続人と同居していた配偶者や相続人が自宅を売却すると住むところが無くなってしまいますし、被相続人が行ってきた事業を引き継いだ相続人が事業を行っていた土地を売却すると事業の継続が困難になってしまいます。

　そのため、このような状況になるべくならないよう、一定の面積までは相続税の課税価格を減額することとしています。

　例えば、被相続人が居住の用に供していた宅地であれば、330 m² の部分までは相続税の課税価格が 80% 減額されます。大きな節税効果が期待できる重要な特例です。

❶ 特定居住用宅地等

特定居住用宅地等とは、被相続人又は被相続人と生計を一にしていた被相続人の親族が居住していた土地等のことをいいます。

特定居住用宅地等に該当した場合には、最大 330 m² まで適用可能で、減額割合は 80% となります。

特定居住用宅地等の要件は、配偶者以外の相続人が被相続人と同居していて、その同居していた相続人が被相続人と同居していた土地を取得した場合は、相続税の申告期限まで居住及び所有していることです。配偶者については相続税の申告期限までの居住及び所有継続要件はありません。

被相続人と生計を一にしていた親族が居住していた土地についても同じで、被相続人と生計を一にしていたその親族が取得した場合は、相続税の申告期限まで居住及び所有していることが要件となります。配偶者については同じく、相続税の申告期限までの居住及び所有継続要件はありません。

家なき子特例については **Q3-6** で詳しく説明します。

土地の利用状況	取得者	居住・所有継続要件
被相続人の居住していた土地	配偶者	無し
	同居親族	申告期限まで居住・所有継続
	家なき子	申告期限まで所有継続
生計一親族が居住していた土地	配偶者	無し
	生計一親族	申告期限まで居住・所有継続

❷ 特定事業用宅地等

特定事業用宅地等とは、被相続人又は被相続人と生計を一にしていた被相続人の親族が事業を営んでいた事業用の土地等のことをいいます。ただし、不動産を貸し付けていたなどの貸付事業は該当しません。

特定事業用宅地等に該当した場合には、最大 400 m² まで適用可能で、減額割合は 80% となります。

特定事業用宅地等の要件は、被相続人の事業の用に供されていた宅地等である場合は、その土地等で被相続人が営んでいた事業を相続税の申告期

限までに引き継ぎ、かつ、相続税の申告期限までその事業を営んでおり、その土地等を相続税の申告期限まで所有していることです。

　被相続人と生計を一にしていた被相続人の親族が事業を営んでいた土地等である場合は、相続開始前から相続税の申告期限までその土地等で事業を営んでおり、その土地等を相続税の申告期限まで有していることが要件となります。

土地の利用状況	事業・所有継続要件
被相続人の事業に供されていた土地等	被相続人の事業を申告期限までに引き継ぎ、申告期限まで事業を継続
	土地等を申告期限まで所有
被相続人と生計を一にしていた被相続人の親族が事業を営んでいた土地等	相続開始前から申告期限まで事業を継続
	土地等を申告期限まで所有

（注）　相続開始前3年以内に新たに事業の用に供された土地等については、原則として特定事業用宅地等の小規模宅地等の特例は適用できなくなりました。

　　　　ただし、この土地等の上で事業の用に供されている相続開始時の減価償却資産の価額が、土地等の相続開始時の価額の15%以上である場合には、小規模宅地等の特例を適用することができます。

❸ 特定同族会社事業用宅地等

　特定同族会社事業用宅地等とは、被相続人及び被相続人の親族等が、法人の発行済株式の総数又は出資の総額の50%超を保有している法人の事業の用に供されている土地等のことをいいます。ただし、特定事業用宅地等と同じく貸付事業は該当しません。

　特定同族会社事業用宅地等に該当した場合には、最大400 m² まで適用可能で、減額割合は80%となります。

　特定同族会社事業用宅地等の要件は、土地等を取得した親族が相続税の申告期限までその法人の役員であり、その土地等を相続税の申告期限まで所有していることです。また、被相続人がその同族会社に相当の対価で貸していることも必要となります。

土地の利用状況	所有継続要件等
被相続人及び被相続人の親族等が法人の発行済株式の総数又は出資の総額の50%超を保有している法人の事業の用に供されている土地等	相続税の申告期限までその法人の役員であること
	その土地等を申告期限まで所有
	被相続人がその同族会社に相当の対価で貸付け

❹ 貸付事業用宅地等

　貸付事業用宅地等とは、被相続人又は被相続人と生計を一にしていた被相続人の親族が行っている不動産貸付業、駐車場業などの貸付事業の用に供されていた宅地等をいいます。

　貸付事業用宅地等に該当した場合には、最大 200 m^2 まで適用可能で、減額割合は 50% となります。

　貸付事業用宅地等の要件は、被相続人の貸付事業の用に供されていた土地等である場合は、その土地等で行われている貸付事業を相続税の申告期限までに引き継ぎ、かつ相続税の申告期限までその貸付事業を行っており、その土地等を相続税の申告期限まで所有していることです。被相続人と生計を一にしていた被相続人の親族の貸付事業の用に供されていた土地等である場合は、相続開始前から相続税の申告期限までその土地等で貸付事業を行っており、その土地等を相続税の申告期限まで所有していることが要件となります。

土地の利用状況	事業・所有継続要件
被相続人の貸付事業の用に供されていた土地等	被相続人の貸付事業を引き継ぎ、申告期限まで継続
	その土地等を申告期限まで所有
被相続人と生計を一にしていた被相続人の親族の貸付事業の用に供されていた土地等	申告期限まで貸付事業を継続
	その土地等を申告期限まで所有

（注）　相続開始前 3 年以内に新たに貸付事業の用に供された土地等は、原則として貸付事業用宅地等の小規模宅地等の特例は適用できなくなりました。

ただし、継続的に事業的規模で貸付事業を営んでいる場合や、3年以内に相次相続が発生した場合には、小規模宅地等の特例を適用することができます。

❺ 事例

事例 ❶

被相続人：A

相 続 人：Aの長男（被相続人と同居）、二男（被相続人と別居、持ち家あり）

遺　　産：被相続人と長男の自宅敷地1億円、自宅家屋1,000万円、預金1億1,000万円

遺産分割：長男　自宅敷地1億円（330m²）、自宅家屋1,000万円
　　　　　二男　預金1億1,000万円

事例 ❷

被相続人：A

相 続 人：Aの長男（被相続人と同居）、二男（被相続人と別居、持ち家あり）

遺　　産：被相続人と長男の自宅敷地1億円、自宅家屋1,000万円、預金1億1,000万円

遺産分割：長男　預金1億1,000万円
　　　　　二男　自宅敷地1億円（330m²）、自宅家屋1,000万円

　事例①では同居親族である長男が自宅を相続しているため、特定居住用宅地等に該当し、自宅敷地の相続税評価額は330m²まで8割減となります。しかし**事例②**では別居親族である二男が自宅を相続しているため、特定居住用宅地等に該当しないことから、自宅敷地の相続税評価額について小規模宅地等の特例の減額は受けられません。

	長男が自宅敷地を相続した場合（事例①）	二男が自宅敷地を相続した場合（事例②）
自宅敷地相続税評価額	20,000,000 円	100,000,000 円
相続税額	15,600,000 円	39,400,000 円

　事例①では納付すべき相続税は 15,600,000 円となり、事例②では 39,400,000 円となります。遺産分割をどのようにするかにより、相続税額が大きく異なることになります。

事例 ❶

- 基礎控除
  基礎控除 3,000 万円＋法定相続人の数 2 人×600 万円＝4,200 万円
- 課税遺産総額
  自宅敷地 1 億円＋自宅家屋 1,000 万円＋預金 1 億 1,000 万円
  　－小規模宅地等の特例 8,000 万円（1 億円×80%）－4,200 万円
  　＝9,800 万円
- 法定相続分
  長男　$\dfrac{1}{2}$

  二男　$\dfrac{1}{2}$
- 相続税
  長男　9,800 万円×$\dfrac{1}{2}$×20%－200 万円＝780 万円

  二男　9,800 万円×$\dfrac{1}{2}$×20%－200 万円＝780 万円

  相続税　780 万円＋780 万円＝1,560 万円
- 各人の相続税
  長男　1,560 万円

  　　　×$\dfrac{自宅敷地 1 億円＋自宅家屋 1,000 万円－小規模宅地等の特例 8,000 万円}{1 億 4,000 万円}$

  　　＝3,342,800 円（百円未満切捨）

  二男　1,560 万円×$\dfrac{預金 1 億 1,000 万円}{1 億 4,000 万円}$

  　　＝12,257,100 円（百円未満切捨）

- **基礎控除**

  基礎控除 3,000 万円＋法定相続人の数 2 人×600 万円＝4,200 万円

- **課税遺産総額**

  自宅敷地 1 億円＋自宅家屋 1,000 万円＋預金 1 億 1,000 万円

  　－4,200 万円＝1 億 7,800 万円

- **法定相続分**

  長男　$\dfrac{1}{2}$

  二男　$\dfrac{1}{2}$

- **相続税**

  長男　1 億 7,800 万円×$\dfrac{1}{2}$×30％－700 万円＝1,970 万円

  二男　1 億 7,800 万円×$\dfrac{1}{2}$×30％－700 万円＝1,970 万円

  相続税　1,970 万円＋1,970 万円＝3,940 万円

- **各人の相続税**

  長男　3,940 万円×$\dfrac{\text{預金 1 億 1,000 万円}}{\text{2 億 2,000 万円}}$＝1,970 万円

  二男　3,940 万円×$\dfrac{\text{自宅敷地 1 億円＋自宅家屋 1,000 万円}}{\text{2 億 2,000 万円}}$

  　　　＝1,970 万円

　法定相続分で相続税額を確定させて、確定した相続税を各人の取得割合で按分し、各人の相続税額を確定させます。

遺産分割により小規模宅地等の特例の適用関係が異なる事例

Q3-2 被相続人が所有していた宅地を相続人が共有で取得した場合の小規模宅地等の特例の適用の可否

被相続人が所有していた自宅敷地を配偶者と長男とで共有で取得した場合に、小規模宅地等の特例（特定居住用宅地等）は適用できるのでしょうか。

A 配偶者と長男が、それぞれ特定居住用宅地等の適用要件に該当するかどうかで判断します。

　被相続人が所有していた自宅敷地を相続人が共有で取得した場合は、相続人ごとに小規模宅地等の特例が適用できるかどうかを判断することになります。

```
┌─────────────────────────────┐
│  ┌───────────────────────┐  │
│  │   被相続人及び配偶者    │  │
│  │      居住建物          │  │
│  └───────────────────────┘  │
│                             │
│          土地 A             │
│                             │
│         400 m²              │
│                             │
└─────────────────────────────┘
```

土地 A　配偶者 $\frac{1}{2}$　長男 $\frac{1}{2}$　共有で取得

（注）長男は別居親族に該当

特定居住用宅地等を相続した場合の小規模宅地等の特例の適用について
は取得者ごとに要件が定められていますが、配偶者の場合は特に要件があ
りませんので、上記の場合配偶者が取得した部分については小規模宅地等
の特例が適用できます。

それに対し長男は、「被相続人の居住の用に供されていた一棟の建物に
居住していた親族」に該当しないため、長男が相続した部分には適用でき
ません。

ちなみに、被相続人の配偶者がまだ存命のため、長男について家なき子
特例（**Q3-6** 参照）は適用できません。

上記の場合の計算は以下のとおりです。

　　被相続人：父

　　相 続 人：配偶者、長男（被相続人と別居）

　　路 線 価：300,000 円

　　地　　　積：400 m^2

　　相続税評価額：300,000 円×400 m^2＝120,000,000 円

　　小規模宅地等の特例の減額：300,000 円×200 m^2×80％

　　　＝48,000,000 円

　　課税対象となる価額：120,000,000 円－48,000,000 円

　　　＝72,000,000 円

◆同一の敷地に被相続人と配偶者が居住する建物と長男が居住する建物が
　ある場合

同一の敷地に被相続人と配偶者が居住する建物と長男が居住する建物が
ある場合で、長男が生計別親族に該当する場合には、被相続人と配偶者の
居住する建物の敷地部分のみが小規模宅地等の特例を適用できることにな
ります。

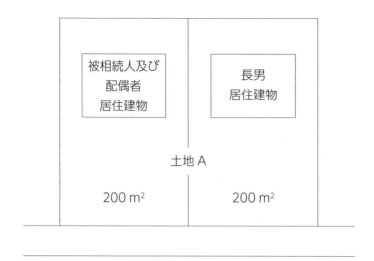

土地 A 配偶者 $\frac{1}{2}$ 長男 $\frac{1}{2}$ 共有で取得

（注）長男は生計別親族に該当

　この 400 m² の土地を配偶者 2 分の 1、長男 2 分の 1 で相続した場合には、配偶者は 400 m² の 2 分の 1 である 200 m² を相続したことになります。配偶者が小規模宅地等の特例を適用できる部分は、被相続人の居住の用に供されていた宅地部分となりますので、長男の居住する建物の敷地は適用外となります。つまり、配偶者は長男の居住建物の敷地部分も 2 分の 1 を相続していますが、その部分については適用できず、被相続人と配偶者の居住する建物の敷地部分である 200 m² の 2 分の 1 の 100 m² について小規模宅地等の特例を適用できることになります。

　長男については生計別親族に該当しますので、小規模宅地等の特例を適用することができません。

【計算式】

　被相続人：父

　相 続 人：配偶者、長男（被相続人と生計別親族）

　路 線 価：300,000 円

地　　積：400 m²

相続税評価額：300,000 円×400 m²＝120,000,000 円

小規模宅地等の特例の減額：300,000 円×100 m²×80%
　　＝24,000,000 円

課税対象となる価額：120,000,000 円－24,000,000 円
　　＝96,000,000 円

◆分筆し単独所有地として相続する場合

　それでは、配偶者と長男とで共有で相続するのではなく、分筆し、それ
ぞれ単独所有地として相続した場合にはどうなるのでしょう。

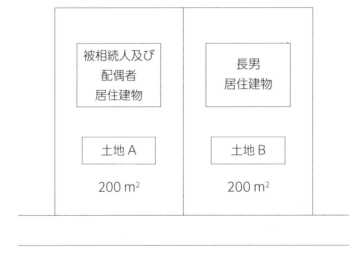

土地 A 配偶者が取得　土地 B を長男が取得

（注）長男は生計別親族に該当

　この場合には、被相続人の居住の用に供されていた宅地部分は土地 A
の 200 m² となり、配偶者が相続する土地 A について小規模宅地等の特例
が適用できることになります。

【計算式】

被相続人：父

相 続 人：配偶者、長男（被相続人と生計別親族）

路 線 価：300,000 円

地 　 　積：400 m^2

相続税評価額：300,000 円×400 m^2＝120,000,000 円

小規模宅地等の特例の減額：300,000 円×200 m^2×80%
　＝48,000,000 円

課税対象となる価額：120,000,000 円−48,000,000 円
　＝72,000,000 円

ポイント

　このように、共有で相続するか分筆して単独所有するかにより、小規模宅地等の特例の適用面積が異なる場合があります。

Q3-3 小規模宅地等の特例をどの相続人が適用するかにより相続税が異なる事例

小規模宅地等の特例を誰が適用するかにより相続税が異なると聞いたのですが、どのような事例の場合に相続税が変わってくるのでしょうか。

 A 被相続人の配偶者が適用するのか、被相続人の配偶者以外の相続人が適用するのかで異なる場合があります。

　Q1-4で説明したように、配偶者には「配偶者の税額軽減」があります。配偶者の税額軽減は、被相続人の配偶者が遺産分割や遺贈により実際に取得した遺産が、1億6,000万円と配偶者の法定相続分相当額とを比較していずれか多い金額まで配偶者に相続税はかからないという制度です。そのため、この配偶者の税額軽減を考慮して小規模宅地等の特例を適用することで相続税を抑えることが可能です。

事例 ❶

被相続人：A

相 続 人：Aの配偶者、長男

遺　　産：居住用の土地 2 億円（地積 1,000m²）

遺産分割：共有で 2 分の 1 ずつ取得

小規模宅地等の特例：<u>配偶者が全て適用</u>

小規模宅地等の特例の減額：$\left(2\text{億円}\times\dfrac{1}{2}\right)\times\dfrac{330\,\text{m}^2}{500\,\text{m}^2}\times80\%=5{,}280\text{万円}$

- **基礎控除**

　基礎控除 3,000 万円＋法定相続人の数 2 人×600 万円＝4,200 万円

- **課税価格**

　配偶者　土地 2 億円×$\dfrac{1}{2}$－5,280 万円（小規模宅地等の特例の減額）

　　　　　＝4,720 万円

長男　　土地 2 億円 $\times \dfrac{1}{2}$ ＝ 1 億円

● 課税遺産総額

4,720 万円＋ 1 億円－ 4,200 万円＝ 1 億 520 万円

● 法定相続分

配偶者　$\dfrac{1}{2}$

長男　　$\dfrac{1}{2}$

● 相続税

配偶者　1 億 520 万円 $\times \dfrac{1}{2} \times 30\% -$ 700 万円＝ 878 万円

長男　　1 億 520 万円 $\times \dfrac{1}{2} \times 30\% -$ 700 万円＝ 878 万円

相続税　878 万円＋ 878 万円＝ 1,756 万円

● 各人の相続税

配偶者　1,756 万円 $\times \dfrac{4{,}720 \text{万円（配偶者取得分）}}{1 \text{億} 4{,}720 \text{万円（遺産総額）}}$ ＝ 5,630,652 円

　　　　5,630,652 円－ 5,630,652 円（配偶者の税額軽減額）＝ 0 円

長男　　1,756 万円 $\times \dfrac{1 \text{億円（長男取得分）}}{1 \text{億} 4{,}720 \text{万円（遺産総額）}}$

　　　　＝ 11,929,300 円（百円未満切捨）

● 合計相続税額

0 円＋ 11,929,300 円＝ 11,929,300 円

事例 ❷

被相続人：A

相 続 人：A の配偶者、長男

遺　　産：居住用の土地 2 億円（地積 1,000m²）

遺産分割：共有で 2 分の 1 ずつ取得

小規模宅地等の特例：<u>配偶者と長男とで 2 分の 1 ずつ適用</u>

小規模宅地等の特例の減額：$\left(2 \text{億円} \times \dfrac{1}{2}\right) \times \dfrac{330 \text{m}^2}{500 \text{m}^2} \times 80\%$ ＝ 5,280 万円

- 基礎控除

  基礎控除 3,000 万円＋法定相続人の数 2 人×600 万円＝4,200 万円

- 課税価格

  配偶者　土地 2 億円×$\frac{1}{2}$－2,640 万円（小規模宅地等の特例の減額）
  ＝7,360 万円

  長男　　土地 2 億円×$\frac{1}{2}$－2,640 万円（小規模宅地等の特例の減額）
  ＝7,360 万円

- 課税遺産総額

  7,360 万円＋7,360 万円－4,200 万円＝1 億 520 万円

- 法定相続分

  配偶者　$\frac{1}{2}$

  長男　　$\frac{1}{2}$

- 相続税

  配偶者　1 億 520 万円×$\frac{1}{2}$×30%－700 万円＝878 万円

  長男　　1 億 520 万円×$\frac{1}{2}$×30%－700 万円＝878 万円

  相続税　878 万円＋878 万円＝1,756 万円

- 各人の相続税

  配偶者　1,756 万円×$\dfrac{7,360 \text{万円（配偶者取得分）}}{1 \text{億} 4,720 \text{万円（遺産総額）}}$＝878 万円

  　　878 万円－878 万円（配偶者の税額軽減額）＝0 円

  長男　　1,756 万円×$\dfrac{7,360 \text{万円（長男取得分）}}{1 \text{億} 4,720 \text{万円（遺産総額）}}$

  　　　＝878 万円（百円未満切捨）

- 合計相続税額

  0 円＋878 万円＝878 万円

事例 ❸

被相続人：A

相　続　人：A の配偶者、長男

遺　　産：居住用の土地 2 億円（地積 1,000m²）

遺産分割：共有で 2 分の 1 ずつ取得

小規模宅地等の特例：<u>長男が全て適用</u>

小規模宅地等の特例の減額：$\left(2\,億円×\dfrac{1}{2}\right)×\dfrac{330\,m^2}{500\,m^2}×80\%=5,280\,万円$

- **基礎控除**

  基礎控除 3,000 万円＋法定相続人の数 2 人×600 万円＝4,200 万円

- **課税価格**

  配偶者　土地 2 億円×$\dfrac{1}{2}$＝1 億円

  長男　　土地 2 億円×$\dfrac{1}{2}$－5,280 万円（小規模宅地等の特例の減額）
  　　　　＝4,720 万円

- **課税遺産総額**

  1 億円＋4,720 万円－4,200 万円＝1 億 520 万円

- **法定相続分**

  配偶者　$\dfrac{1}{2}$

  長男　　$\dfrac{1}{2}$

- **相続税**

  配偶者　1 億 520 万円×$\dfrac{1}{2}$×30%－700 万円＝878 万円

  長男　　1 億 520 万円×$\dfrac{1}{2}$×30%－700 万円＝878 万円

  相続税　878 万円＋878 万円＝1,756 万円

- **各人の相続税**

  配偶者　1,756 万円×$\dfrac{1\,億円（配偶者取得分）}{1\,億\,4,720\,万円（遺産総額）}$＝11,929,347 円

  　　　　11,929,347 円－11,929,347 円（配偶者の税額軽減額）＝0 円

  長男　　1,756 万円×$\dfrac{4,720\,万円（長男取得分）}{1\,億\,4,720\,万円（遺産総額）}$

  　　　　＝5,630,600 円（百円未満切捨）

- **合計相続税額**

  0 円＋5,630,600 円＝5,630,600 円

	配偶者が全て適用した場合（事例①）	配偶者と子とが2分の1ずつ適用した場合（事例②）	子が全て適用した場合（事例③）
配偶者の課税価格	100,000,000円	100,000,000円	100,000,000円
子の課税価格	100,000,000円	100,000,000円	100,000,000円
配偶者小規模宅地等の評価減	△52,800,000円	△26,400,000円	－
子小規模宅地等の評価減	－	△26,400,000円	△52,800,000円
配偶者相続税額	0円	0円	0円
子相続税額	11,929,300円	8,780,000円	5,630,600円
合計相続税額	11,929,300円	8,780,000円	5,630,600円

　このように、誰が小規模宅地等の特例を適用するかで相続税が大幅に変わるため注意が必要です。

　小規模宅地等の特例の減額は選択適用のため、当初申告の際に適用した小規模宅地等の特例の減額が適用要件を満たしていた場合には、申告後より有利な小規模宅地等の特例の減額が発見されたとしても、当初申告で選択適用したと判断されるため、更正の請求は認められません。

　そのため、当初申告の際に十分検討する必要があります。

　なお、小規模宅地等の特例の減額が当初申告の際に適用要件を満たしていなかったことが申告後判明した場合には、小規模宅地等の特例の減額を選択適用していないと判断されるため、更正の請求（18ページ参照）により小規模宅地等の特例の減額を受けることができます。

Q3-4 遺留分侵害額請求があった場合の小規模宅地等の特例

　民法の改正前の遺留分減殺請求の際には、遺留分減殺に伴って修正申告及び更正の請求における小規模宅地等の選択替えが可能だったそうですが、遺留分侵害額請求に改正されたことによりどのように変わりましたか。

A　遺留分減殺請求があった場合には小規模宅地等の特例の選択替えが可能でしたが、遺留分侵害額請求に改正されたことで小規模宅地等の特例の選択替えができなくなりました。

　小規模宅地等の特例は、当初申告の際に適用をする旨を記載する要件があるため、適用する宅地の選択替えは原則として認められていません。

　小規模宅地等の特例は、個人が相続や遺贈によって取得した財産で、小規模宅地等の特例の対象となる宅地等のうち、個人が選択したものに限り適用することができます。

　つまり、個人が自ら選択したものについて、申告期限後に別の有利な特例対象宅地等が判明したとしても、当初申告の際に個人自ら選択して適用しているため、選択替えは原則として認められていません。

　しかし、当初申告の際に選択した土地について小規模宅地等の特例が適用できなかったなど申告内容が誤っていた場合や、遺留分減殺請求があった場合には適用する宅地の選択替えが認められています。

　改正前の遺留分減殺請求では、遺留分減殺請求は相続固有の後発的事由に基づくものであると考えられるため、相続税の申告期限後に遺留分減殺請求に基づいて返還すべき額等が確定した場合、その事由が生じたことを知った日の翌日から4か月以内に更正の請求をすることができるとされていました。また、遺留分減殺請求により財産を取得することが確定した場

合には、その取得した相続人は、期限後申告又は修正申告ができるとされていました。

しかし、遺留分減殺請求権から遺留分侵害額請求権に改正され、請求権の内容が物権的請求権から金銭債権化されることになりました（**Q1-39**参照）。

それに伴い、遺留分侵害額請求をされたとしても、受遺者が適用した小規模宅地等の特例について変更は生じないことになりました。

また、遺留分侵害額に相当する金銭に代えて、不動産で支払った場合には、その取得は相続又は遺贈によるものではなく、代物弁済によるものとなるため、遺留分権利者は、その宅地等について小規模宅地等の特例は適用できません。

なお、受遺者が遺留分侵害額に相当する金銭に代えて、相続税の申告期限前に特例対象の宅地を交付した場合には、受遺者は相続税の申告期限までの保有継続要件（**Q3-1**参照）を満たさなくなるため、小規模宅地等の特例が適用できなくなります。

未分割の場合の小規模宅地等の特例

Q3-5

相続税の申告期限までに遺産分割が決まらないのですが、未分割の場合小規模宅地等の特例は適用できますか。

A　相続税の申告時において遺産分割協議が決まらず、未分割の特例対象宅地等がある場合は、原則としてその特例対象宅地等について特例を適用することができません。

❶ 未分割の場合の小規模宅地等の特例の適用

　小規模宅地等の特例は、相続税申告期限までに遺産分割が決まった宅地等について適用することができますが、「申告期限後3年以内の分割見込書」を提出することで、申告期限時点で未分割であっても、申告期限後3年以内に遺産分割が決まれば適用を受けることができます。

　「3年以内の分割見込書」を相続税の申告期限までに提出している場合には、遺産分割が決まった日の翌日から4か月以内に更正の請求を行うことで、小規模宅地等の特例を適用することは可能です。

　また、相続税の申告期限から3年以内に遺産分割が決まらない場合に、「遺産が未分割であることについてやむを得ない事由がある旨の承認申請書」を、申告期限後3年を経過する日の翌日から2か月を経過する日までに税務署に提出して、税務署長の承認を受けた場合には、さらに期間を延長することができます。

　これらの処理を失念すると小規模宅地等の特例を適用することはできませんので、注意が必要です。

　なお、小規模宅地等の特例の適用を受ける場合、特例対象宅地等を取得する相続人全員の同意が必要ですが、申告期限後に特例の適用を受ける場合も同様です。

❷ 一部が未分割の場合

　一部未分割の場合で、申告書の提出期限内に特例対象宅地等の取得者が決まっているときは、その部分に特例を適用することは可能となります。その場合も、分割の決まった部分を取得した相続人のみではなく、未分割財産の中に特例対象宅地等がある場合には、未分割の部分を共有している相続人全員の同意を得る必要があります。これは、小規模宅地等の特例の適用を受けるには、特例対象宅地等を取得する相続人全員の同意が必要であるところ、未分割の部分については相続人全員が法定相続分により共有で取得している状況になっていると考えられるためです。

　一部未分割の場合の注意点は、申告期限後に小規模宅地等の特例の適用を受けられるのは申告期限の時に未分割の特例対象宅地等のみということです。

　つまり当初申告で分割が決まった部分の特例対象宅地等について、後から小規模宅地等の特例の適用を受けることはできません。

　これは、当初申告で分割が決まった土地は、小規模宅地等の特例の適用が可能であるにもかかわらず、小規模宅地等の特例を適用しないことを選択したとみなされるためです。

家なき子特例

Q3-6

配偶者以外の相続人が被相続人と同居していなくても特定居住用宅地等に該当する場合があると聞いたのですが、どのような場合に該当するのですか。

A 家なき子特例といって、被相続人に配偶者がいないなど一定の要件を満たしている場合には、配偶者以外の相続人が被相続人と同居していなくても特定居住用宅地等に該当する場合があります。

　家なき子特例は、持ち家のない相続人が被相続人の居住用の宅地を相続してその宅地に住むことで、被相続人が住んでいた宅地を引き続き維持していくことを趣旨としています。そのため、既に持ち家がある相続人は適用できません。

　家なき子特例を適用するための要件は以下の通りです。

① 居住制限納税義務者又は非居住制限納税義務者のうち日本国籍を有しない者ではないこと

② 被相続人に配偶者がいないこと

③ 相続開始の直前において被相続人の居住の用に供されていた家屋に居住していた被相続人の相続人がいないこと

④ 相続開始前3年以内に日本国内にある取得者、取得者の配偶者、取得者の三親等内の親族又は取得者と特別の関係がある一定の法人が所有する国内の家屋（相続開始の直前において被相続人の居住の用に供されていた家屋を除く）に居住したことがないこと

⑤ 相続開始時に、取得者が居住している家屋を相続開始前のいずれの時においても所有していたことがないこと

⑥ その宅地等を相続開始時から相続税の申告期限まで有していること

　上記6つの要件を全て満たした場合に小規模宅地等の特例の適用を受けることができます。

また、平成30年度税制改正により、上記の④「相続開始前3年以内に日本国内にある取得者、取得者の配偶者、取得者の三親等内の親族又は取得者と特別の関係がある一定の法人が所有する国内の家屋（相続開始の直前において被相続人の居住の用に供されていた家屋を除く）に居住したことがないこと」及び上記の⑤「相続開始時に、取得者が居住している家屋を相続開始前のいずれの時においても所有していたことがないこと」が追加されました。

　これにより、「家なき子の特例を適用したい相続人の持ち家を親に売却し、自分は家なき子となることで小規模宅地等の特例を適用する」又は「相続人が持っていた持ち家を自分の子供に贈与して、自分は家なき子の特例を適用する」などの方法で家なき子特例を適用することはできなくなりました。

ポイント

　特定居住用宅地等に該当するのかしないのかで、相続税の額が大きく変わります。そのため被相続人の相続に備えて、家なき子の適用を受けられるように持ち家を持つ前に対応しておくのか、被相続人と同居するのかなどを生前に考えておく必要があります。

第3節 所有者により小規模宅地等の特例の適用関係が異なる事例

Q3-7 共同で貸家を所有していた場合の小規模宅地等の特例

被相続人の敷地において被相続人と配偶者とで共同で貸家を所有し使用していた場合で、地代の授受がないときは、配偶者の貸家部分については、小規模宅地等の特例の適用関係はどうなりますか。被相続人の持分を配偶者が引き継ぎ、貸付事業を継続する予定です。

A 配偶者の貸家部分についても、小規模宅地等の特例の適用はできます。

```
┌─────────────────────────────┐
│            貸家              │
│   被相続人 1/2   配偶者 1/2   │
└─────────────────────────────┘

        土地   300 m²
```

（注）配偶者は生計一親族

被相続人と配偶者とで地代の授受が無い場合には、配偶者は被相続人から無償で土地を借りて（これを「使用貸借」といいます）貸付事業を行っていることになります。

被相続人が所有する土地のうち、被相続人持分の貸家に対応する部分については、貸家建付地として評価します。しかし、配偶者持分の貸家に対

応する部分については、使用貸借であるため、自用地評価となります。

　質問の場合、被相続人の貸付事業を配偶者が引き継ぎ貸付事業を行っており、自用地評価した部分についても、被相続人と生計一親族である配偶者の貸付事業の用に供されているため、被相続人持分の貸家建付地部分と配偶者持分の自用地部分のどちらも小規模宅地等の特例の適用を受けることができます。

　この場合、貸家建付地評価した被相続人持分部分の土地よりも、自用地評価した配偶者持分部分の土地のほうが評価額が高いため、自用地評価した配偶者持分部分の評価を先に小規模宅地等の特例の適用を受けることで有利になります。

　上記の事例では、全体が $300\,\mathrm{m}^2$ で配偶者の貸家持分は 2 分の 1 となりますので、$150\,\mathrm{m}^2$ は自用地評価となります。

　貸付事業用宅地等の限度面積は $200\,\mathrm{m}^2$ ですので、自用地評価の $150\,\mathrm{m}^2$ で小規模宅地等の特例の適用を受けることが可能です。残り $50\,\mathrm{m}^2$ については、被相続人持分部分の貸家建付地評価した土地で適用します。

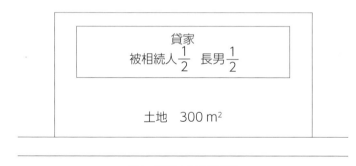

（注）長男は生計別親族

　上記の事例の場合には長男は生計別親族であるため、長男持分部分について長男が使用している場合には、長男持分の貸家に対応する部分について小規模宅地等の特例は適用できないことになります。

Q3-8 土地所有者と建物所有者とが異なる場合

被相続人が土地の所有者で長男が建物の所有者（使用者）である場合に、小規模宅地等の特例は適用できますか。

 A 長男が生計一親族なのか生計別親族なのかにより異なります。

被相続人の土地の上に、被相続人の生計一親族の建物が建っている場合には、小規模宅地等の特例の適用は可能です。ただし、被相続人の土地を借りて生計一親族が建てているため、被相続人との契約が使用貸借なのか賃貸借なのかによって、適用できる特例が異なる場合があるので注意が必要です。

生計一親族が被相続人の土地を使用貸借して、生計一親族所有の建物に居住している場合には、特定居住用宅地等に該当し、330㎡まで80％減額できることになります。生計一親族が被相続人の土地を賃貸借して、生計一親族所有の建物に居住しており、被相続人の土地を生計一親族とは別の相続人が取得した場合には、貸付事業用宅地等に該当し、200㎡まで50％減額できることになります。

被相続人の土地の上に、被相続人の生計別親族の建物が建っている場合には、特定居住用宅地等は適用できないことになります。生計別親族の居住用の場合、特定居住用宅地等の適用はできないためです。

生計別親族が被相続人の土地を賃貸借している場合で、建物の所有者である生計別親族以外の相続人が土地を相続し、事業継続要件を満たしているときは、貸付事業用宅地等に該当し、200㎡まで50％減額できることになります。

ただし、生計別親族名義の建物であっても、被相続人や生計一親族がその生計別親族から建物を無償で借りて使用している場合には、被相続人又は生計一親族の居住用又は事業用の土地として小規模宅地等の特例を適用することができます。

第4節 配偶者居住権による小規模宅地等の特例

Q3-9

敷地利用権及び敷地所有権に対する小規模宅地等の特例

配偶者居住権も小規模宅地等の特例の適用を受けることができますか。

A 　配偶者居住権は、建物に関する権利であることから、宅地等の特例である小規模宅地等の特例の適用は受けることはできません。敷地利用権及び敷地所有権について小規模宅地等の特例の適用を受けることができます。

　以前は、配偶者がこれまで居住していた建物に引き続き居住したい場合には、配偶者が建物の所有権を取得する必要がありました。そこで配偶者保護の観点から創設されたのが配偶者居住権です。

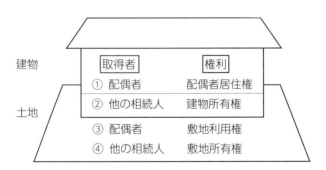

建物	取得者	権利
	① 配偶者	配偶者居住権
	② 他の相続人	建物所有権
土地	③ 配偶者	敷地利用権
	④ 他の相続人	敷地所有権

　この制度は、**Q1-57** で説明したように、配偶者が今まで居住していた建物に引き続き居住したい場合に、その建物の所有権を取得しなくても配偶者に無償で居住する権利を与えることにより現預金等のその他の遺産を相続する余地を与え、被相続人が亡くなった後も配偶者が安定した生活を送

れるようにすることを目的としています。

　配偶者居住権が設定された場合には、配偶者は建物に無償で居住する権利である配偶者居住権と、居住する建物の敷地を利用する敷地利用権を取得することになります。

　小規模宅地等の特例は、宅地等の特例であるため、配偶者居住権、建物所有権には適用できません。敷地利用権は、土地の上に存する権利に該当するので、特定居住用宅地等として小規模宅地等の特例の適用を受けることができます。

　敷地所有権も敷地所有権の取得者が要件を満たすことにより、特定居住用宅地等として小規模宅地等の特例の適用を受けることができます。

　小規模宅地等の特例の適用を受ける場合には敷地利用権と敷地所有権の適用面積を算出する必要があります。

　適用面積については、敷地利用権と敷地所有権の評価額の合計額のうちに占める割合を乗じて算出したものを面積とみなして、それぞれの適用面積を算出します（租税特別措置法施行令40条の2第6項）。

$$対象地面積 \times \frac{敷地利用権の評価額又は敷地所有権の評価額}{敷地利用権と敷地所有権の評価額の合計額}$$

$$= 敷地利用権の面積又は敷地所有権の面積$$

事例 ❶

被相続人：父

相 続 人：配偶者、長男

遺　　産：被相続人と配偶者が居住していた不動産

遺産分割：配偶者居住権を配偶者が相続、所有権を長男が相続

居住状況：被相続人は配偶者及び長男と同居

敷地所有権評価額：25,000,000 円

敷地利用権評価額：20,000,000 円

地　　積：450 m²

$$敷地所有権の面積 = 450m^2 \times \frac{25,000,000\,円}{20,000,000\,円 + 25,000,000\,円}$$

$$= 250\ m^2$$

$$敷地利用権の面積 = 450m^2 \times \frac{20,000,000\,円}{20,000,000\,円 + 25,000,000\,円}$$

$$= 200\ m^2$$

● 減額される金額

敷地所有権　25,000,000 円×80％＝20,000,000 円

$$敷地利用権\quad 20,000,000\,円 \times \frac{(330\ m^2 - 250\ m^2)}{200\ m^{2※}} \times 80\%$$

$$= 6,400,000\,円$$

※敷地利用権の面積

● 相続税評価額

敷地所有権　25,000,000 円－20,000,000 円＝5,000,000 円

敷地利用権　20,000,000 円－6,400,000 円＝13,600,000 円

　敷地利用権は配偶者が取得するため、配偶者の税額軽減の特例（Q1-4 参照）により、長男が取得する敷地所有権を優先して特例の適用を受けることで相続税の納付金額を減らすことができます。

　配偶者居住権を設定することの注意点としては、長男が別居していて特定居住用宅地等に該当しない場合、敷地所有権については小規模宅地等の特例の適用が受けられないため、配偶者が居住用不動産の所有権を取得した時より配偶者居住権を設定した時の方が相続税の納付金額が高くなる可能性があることです。

被相続人：父

相 続 人：配偶者、長男

遺　　産：被相続人と配偶者が居住していた不動産

遺産分割：配偶者居住権を配偶者が相続、所有権を長男が相続

居住状況：被相続人は配偶者と同居、長男は別居親族（持ち家あり）

敷地所有権評価額：25,000,000 円

敷地利用権評価額：20,000,000 円

地　　積：450 m²

$$敷地所有権の面積＝450\,m^2 \times \frac{25,000,000\,円}{20,000,000\,円＋25,000,000\,円}$$
$$＝250\,m^2$$

$$敷地利用権の面積＝450\,m^2 \times \frac{20,000,000\,円}{20,000,000\,円＋25,000,000\,円}$$
$$＝200\,m^2$$

● 減額される金額

敷地所有権　0 円（小規模宅地等の特例は適用できません。）

敷地利用権　20,000,000 円×80％＝16,000,000 円

● 相続税評価額

敷地所有権　25,000,000 円

敷地利用権　20,000,000 円−16,000,000 円＝4,000,000 円

　別居親族である長男が敷地所有権を取得しているため、敷地所有権については小規模宅地等の特例は適用できません。

　以下の**事例③**では、配偶者居住権を設定しないで居住用不動産の所有権を配偶者が取得した場合を見てみます。

被相続人：父

相 続 人：配偶者、長男

遺　　産：被相続人と配偶者が居住していた不動産

遺産分割：配偶者が居住用不動産を相続

居住状況：被相続人は配偶者と同居、長男は別居親族（持ち家あり）

居住用不動産の土地評価額：45,000,000 円

地　　積：450 m^2

● 減額される金額

$$45,000,000 円 \times \frac{330\,m^2}{450\,m^2} \times 80\% = 26,400,000 円$$

● 相続税評価額

$$45,000,000 円 - 26,400,000 円 = 18,600,000 円$$

事例①〜③では相続税がどうなるのか比較してみます。不動産のほかに預金 1 億円が遺産に含まれると想定しています。

事例①の相続税

被相続人：父

相 続 人：配偶者、長男

遺　　産：被相続人と配偶者が居住していた不動産、預金 1 億円

遺産分割：配偶者居住権を配偶者が相続、所有権を長男が相続、預金を長男が相続

居住状況：被相続人は配偶者及び長男と同居

敷地所有権評価額：25,000,000 円

敷地利用権評価額：20,000,000 円

地　　積：450 m^2

- **基礎控除**

  基礎控除 3,000 万円＋法定相続人の数 2 人×600 万円＝4,200 万円

- **課税遺産総額**

  敷地所有権 2,500 万円－小規模宅地等の特例 2,000 万円

  ＋敷地利用権 2,000 万円－小規模宅地等の特例 640 万円

  ＋預金 1 億円－4,200 万円＝7,660 万円

- **法定相続分**

  配 偶 者 $\frac{1}{2}$

  長　　男 $\frac{1}{2}$

- **相 続 税**

  配 偶 者 7,660 万円×$\frac{1}{2}$×20%－200 万円＝566 万円

  長　　男 7,660 万円×$\frac{1}{2}$×20%－200 万円＝566 万円

  相 続 税 566 万円＋566 万円＝1,132 万円

- **各人の相続税**

  配 偶 者 1,132 万円×

  $$\frac{敷地利用権 2,000 万円－小規模宅地等の特例 640 万円}{1 億 1,860 万円}$$

  ＝1,298,077 円

  1,298,077 円－1,298,077 円（配偶者の税額軽減額）＝0 円

  長　　男 1,132 万円×

  $$\frac{敷地所有権 2,500 万円－小規模宅地等の特例 2,000 万円＋預金 1 億円}{1 億 1,860 万円}$$

  ＝10,021,900 円（百円未満切捨）

事例②の相続税

被相続人：父

相 続 人：配偶者、長男

遺　　産：被相続人と配偶者が居住していた不動産、預金 1 億円

遺産分割：配偶者居住権を配偶者が相続、所有権を長男が相続、預金を長
　　　　　男が相続

居住状況：被相続人は配偶者と同居、長男は別居親族（持ち家あり）

敷地所有権評価額：25,000,000 円

敷地利用権評価額：20,000,000 円

地　　積：450 m^2

- 基礎控除

  基礎控除 3,000 万円＋法定相続人の数 2 人×600 万円＝4,200 万円

- 課税遺産総額

  敷地所有権 2,500 万円－小規模宅地等の特例 0 円

  　＋敷地利用権 2,000 万円－小規模宅地等の特例 1,600 万円

  　＋預金 1 億円－4,200 万円＝8,700 万円

- 法定相続分

  配 偶 者　$\dfrac{1}{2}$

  長　　男　$\dfrac{1}{2}$

- 相続税

  配 偶 者　8,700 万円×$\dfrac{1}{2}$×20％－200 万円＝670 万円

  長　　男　8,700 万円×$\dfrac{1}{2}$×20％－200 万円＝670 万円

  相 続 税　670 万円＋670 万円＝1,340 万円

- 各人の相続税

  配 偶 者　1,340 万円×

  $$\dfrac{\text{敷地利用権 2,000 万円－小規模宅地等の特例 1,600 万円}}{\text{1 億 2,900 万円}}$$

  　　＝415,503 円

  415,503 円－415,503 円（配偶者の税額軽減額）＝0 円

  長　　男　1,340 万円×

  $$\dfrac{\text{敷地所有権 2,500 万円－小規模宅地等の特例 0 円＋預金 1 億円}}{\text{1 億 2,900 万円}}$$

  　　＝12,984,400 円（百円未満切捨）

事例③の相続税

被相続人：父

相 続 人：配偶者、長男

遺　　　産：被相続人と配偶者が居住していた不動産、預金 1 億円

遺産分割：居住用不動産を配偶者が取得、預金を長男が相続

居住状況：被相続人は配偶者と同居、長男は別居親族（持ち家あり）

居住用不動産の土地評価額：45,000,000 円

地　　　積：450 m^2

- 基礎控除

  基礎控除 3,000 万円＋法定相続人の数 2 人×600 万円＝4,200 万円

- 課税遺産総額

  居住用不動産 4,500 万円－小規模宅地等の特例 2,640 万円

  　　＋預金 1 億円－4,200 万円＝7,660 万円

- 法定相続分

  配 偶 者　$\dfrac{1}{2}$

  長　　　男　$\dfrac{1}{2}$

- 相続税

  配 偶 者　7,660 万円×$\dfrac{1}{2}$×20％－200 万円＝566 万円

  長　　　男　7,660 万円×$\dfrac{1}{2}$×20％－200 万円＝566 万円

  相 続 税　566 万円＋566 万円＝1,132 万円

- 各人の相続税

  配 偶 者　1,132 万円×

  $$\dfrac{居住用不動産 4,500 万円－小規模宅地等の特例 2,640 万円}{1 億 1,860 万円}$$

  　　＝1,775,311 円

  1,775,311 円－1,775,311 円（配偶者の税額軽減額）＝0 円

  長　　　男　1,132 万円×$\dfrac{預金 1 億円}{1 億 1,860 万円}$

  　　　　＝9,544,600 円（百円未満切捨）

事例①～事例③を比較すると、1次相続では配偶者居住権を設定した**事例①**及び**事例②**より配偶者居住権を設定していない**事例③**のほうが相続税が安くなっています。

　しかし、配偶者が亡くなる等の事由が生じた場合に配偶者居住権及び敷地利用権は消滅するため、2次相続である配偶者の相続の際に配偶者居住権に相続税は課税されません。

ポイント

　配偶者居住権及び敷地利用権は、配偶者の死亡等により消滅することになります。そのため2次相続である配偶者の相続の際には配偶者居住権及び敷地利用権に相続税が課税されないため、2次相続で相続税がいくら課税されるのかも含めて配偶者居住権を設定するのかどうか十分に検討しなければなりません。1次相続の相続税が安くなるため配偶者に所有権を相続すると、2次相続の際に多額の相続税が課税される可能性もあるため注意が必要です。

　Q1-59でも記載したように、死亡により配偶者居住権が消滅した場合と同じく、あらかじめ指定していた配偶者居住権の存続期間が満了した場合や配偶者居住権の設定していた建物が滅失した場合も配偶者居住権は消滅し、贈与にはならず贈与税は課税されません。

　しかし、配偶者居住権が設定された後に配偶者と所有者とで合意により配偶者居住権を消滅させた場合や、配偶者自ら配偶者居住権を放棄した場合には、配偶者から所有者へ贈与があったとみなされ、所有者に贈与税が課税されることになります（相続税法基本通達9-13の2）。

◆著者紹介

原田 大左 （はらだ だいすけ）

1982 年生まれ、税理士。原田大左税理士事務所代表。

相続税申告を主な業務とし、農家など地主の資産税対策のコンサルティングを
得意とする。

税理士が伝えたい！　遺産分割と相続の基礎知識

2024 年 4 月 12 日　発行

著　者　　原田 大左 ©

発行者　　小泉 定裕

発行所　　株式会社 清文社

東京都文京区小石川 1 丁目 3 － 25（小石川大国ビル）
〒 112-0002　電話 03（4332）1375　ＦＡＸ 03（4332）1376
大阪市北区天神橋 2 丁目北 2 － 6（大和南森町ビル）
〒 530-0041　電話 06（6135）4050　ＦＡＸ 06（6135）4059
URL https://www.skattsei.co.jp/

印刷：㈱精興社

ISBN978-4-433-72914-1